ÉLOGE
DE LOUIS,
DAUPHIN DE FRANCE,
PERE DU ROI.

Par M. DE MILOU, Prêtre.

Sectare, pictor, magis vera, quàm pulchra.

A LA HAYE,

Et se trouve à PARIS,

Chez LESCLAPART, Libraire, Pont Notre-Dame.

M. DCC. LXXXI.

APPROBATION.

J'AI lu, par ordre de Monſeigneur le Garde des Sceaux, un Manuſcrit ayant pour titre : *Eloge de Louis, Dauphin, pere du Roi, par M. l'Abbé de Milou.* Ce Diſcours m'a paru plein de force & d'énergie. L'Auteur, par le zele & l'amour qu'il témoigne pour la Religion, eſt vivement pénétré de l'ame du grand Prince qu'il préſente à nos hommages.

A Paris, ce 2 Janvier 1781. *Signé*, DE SANCY.

AVERTISSEMENT.

Ce Discours a été présenté au second Concours, ouvert par une Société, pour l'Eloge de feu Monseigneur le Dauphin. Quelques amis de l'Auteur, éclairés & vertueux, ont pensé que malgré ses défauts, peut-être par ses défauts, par sa lenteur elle-même trop méthodiquement profonde, ce Discours pourroit offrir à certains Lecteurs un tableau du Dauphin, plus singulier tout ensemble & plus fidele, un tableau plus ressemblant de la force obscure & continue des vertus & des travaux de ce Grand Homme, que n'auroient pu faire des traits plus éclatants sans doute dans leur brieve rapidité. Ils ont pensé sur-tout que ce tableau, ainsi présenté, sembloit destiné plus directement à faire connoître le Dauphin, par ceux à qui il fut trop peu connu, à qui il devroit mieux l'être.

A ij

C'eſt donc uniquement dans ces vues d'utilité, que l'Auteur donne ſon Ouvrage au Public : s'il ſe trompe dans ſes vues, ſon erreur du moins eſt vertueuſe.

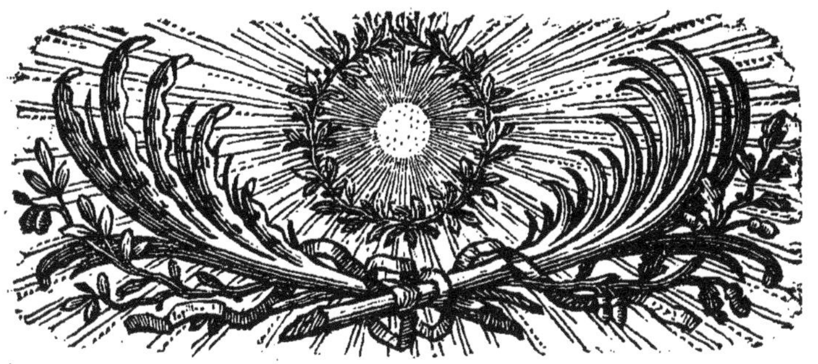

ÉLOGE
DE LOUIS,
DAUPHIN DE FRANCE,
PERE DU ROI.

S'IL n'appartient qu'à la Poſtérité de donner aux Princes des éloges libres du ſoupçon de flatterie, il ne lui appartient pas dans tous les tems de donner aux éloges des bons Princes toute l'étendue de la vérité. Une Poſtérité trop éloignée des vertus qu'elle loue, ne jette ſur l'objet de ſes éloges qu'un regard obſcurci par le lointain, affoibli par l'indifférence. Une Poſtérité trop prochaine qui touche immédiatement aux vertus qu'elle loue, eſt ſouvent gênée dans ſes éloges par des ménagemens indiſpenſables & par d'innombrables égards : dans le premier état, la Poſtérité ne peut pas tout dire, parce qu'elle voit mal; dans le ſecond, ſi elle voit tout bien, elle n'oſe pas tout dire.

Il eſt donc un tems déterminé, il eſt une époque marquée par la nature même des choſes, pour louer pleinement les Princes vertueux; nous touchons actuellement à cette époque préciſe, pour le plus vertueux des Princes; & telles ſont les vues profondes qui ont engagé ſans doute une Société choiſie à propoſer de nouveau à l'éloquence françoiſe un éloge ſi ſouvent prononcé il y a trois luſtres, ſi univerſellement applaudi.

Citoyens reſpectables, vertueux & éclairés, aux vœux de qui je vais répondre, vous eſpérez après trois luſtres écoulés depuis la perte de LOUIS, Dauphin, voir ſortir à la gloire de ce grand Prince, de nouveaux traits de lumiere qui reſterent cachés autrefois dans les nuages des convenances; vous eſpérez voir achever aujourd'hui un tableau qui ne put être autrefois qu'imparfaitement crayonné, & engager la Nation à réfléchir de nouveau ſur des vertus déjà trop promptement, preſqu'entiérement oubliées.

Sublimes eſpérances! puiſſent-elles être auſſi pleinement remplies, qu'elles ſont hautes & pures! Puiſſé-je les remplir dans ce Diſcours! Puiſſe une plume plus éloquente que la mienne, les remplir encore mieux que moi! Dans les entrepriſes vertueuſes l'effort ſeul a ſes douceurs; le ſuccès n'y ajoute que les applaudiſſemens des hommes, au-deſſus deſquels des vues ſupérieures apprennent à s'élever; & lorſqu'on deſire le bien, un rival qui nous ſurpaſſe, eſt pour nous un frere qui exécute ce que nous avions projetté.

Je jette donc en ce moment ſur Louis, Dauphin, un regard attentif, & je découvre dans ce Prince trois caracteres dont la réunion le diſtingue. En Prince aſſuré de regner, il a préparé par d'immenſes travaux les eſpérances du plus beau regne. En Prince indifférent pour regner, il a voilé ſous les vertus les plus obſcures les préparatifs du plus beau regne. En Prince charmé de ne pas regner, il a abandonné à la mort les eſpérances & les préparatifs du plus beau regne. Trois grands traits caractériſtiques, par leſquels je vais peindre Louis, Dauphin de France, neuviéme du nom. Je vais le peindre tout entier; je vais ne peindre que lui ſeul dans toute la ſuite des ſiecles & la foule des Princes.

PREMIERE PARTIE.

Les témoins de l'enfance des Princes nés pour regner, obſervent curieuſement leurs inclinations naiſſantes, pour y découvrir les préſages de leurs qualités à venir & les eſpérances du bonheur public; mais la poſtérité paſſe d'un œil rapide ſur ces premieres obſervations; elle eſtime trop peu des préſages ſi ſouvent trompeurs, des eſpérances ſi ſouvent trompées, & elle ne commence l'éloge des bons Princes, qu'au moment où eux-mêmes ils commencent à le mériter.

A peine échappé des mains de ſes premiers maîtres, & des ombres du troiſieme luſtre, doué d'une ame ſenſible & droite, d'un eſprit juſte & pénétrant, le premier uſage que le Dauphin fit de ſa droiture & de ſes lumieres, fut de découvrir une vérité profonde, triſtement & pleinement ignorée dans les Cours des Rois : il comprit que pour les Princes, plus encore que pour les hommes vulgaires, une éducation finie, au jugement de l'étiquette, n'eſt au jugement de la raiſon, qu'une éducation commencée ; il jetta ſur le vaſte champ des connoiſſances humaines le coup d'œil inquiet & perçant du génie ; il ſentit que tous les travaux de ſon enfance n'avoient pu juſqu'alors que lui montrer les premieres avenues de cette immenſe carriere, & il ſe hâta de la parcourir.

Mais où alloit l'emporter l'ardeur d'une nature, trompée par ſa propre excellence ! Paſſionné pour les chef-d'œuvres de Rome & d'Athenes, des génies anciens & modernes, ravi des charmes de la poëſie, de la majeſté de l'éloquence, avide des myſteres des ſciences, des ſecrets de la nature, appellé, entraîné, occupé tour-à-tour par ces objets divers, le Dauphin ſe préparoit à s'y livrer tout entier, lorſqu'une voix amie, auſſi ſage que ſévere, arrêtant ce Prince dans ſa courſe & détournant ſes pas, lui montra la route qu'il devoit ſuivre, les connoiſſances eſſentielles qu'il devoit acquérir, & ſes véritables travaux.

Inſtituteur ferme & éclairé, ami fidele & ſincere, j'acquitte ici envers vous une dette nationale, en plaçant votre nom à côté de celui de votre Eleve auguſte ; vertueux Saint-Cyr (*a*), ce fut vous qui le premier préparâtes dans Louis, Dauphin, les eſpérances du plus beau regne ; ce fut votre inflexible droiture qui oſa condamner dans un Prince de vingt ans, ce qu'une ſageſſe moins profonde auroit admiré ; ce fut votre voix ſévere qui ne craignit pas de lui dire que la Nation n'attendoit pas de lui un Littérateur ou un ſçavant, mais un Roi ; que former un Roi, n'eſt pas l'ouvrage d'une année ; qu'il eſt tard de s'inſtruire quand il faut agir ; que les connoiſſances variées qu'il avoit acquiſes juſqu'alors, ne devoient plus être pour-lors que des délaſſemens paſſagers ; que des études plus profondes l'appelloient tout entier ; que ſi elles étoient ſéveres, contraires à ſes goûts, il falloit cependant s'y aſſujettir, parce que le premier devoir des Princes eſt de ſacrifier leurs goûts à leurs devoirs, & qu'enfin pour lui montrer le véritable objet des travaux d'un Roi ou d'un Prince deſtiné à l'être, il avoit déſormais à étudier & à connoître... de grands principes pour ſe régler par eux... d'immenſes détails pour les diriger d'après ces principes... des hommes trop ſouvent impénétrables pour les éclairer dans les détails, les placer & les faire agir.

(*a*) L'Abbé de Saint-Cyr, ſous-Précepteur de Monſeigneur le Dauphin, & ſpécialement honoré de la confiance qui étoit due par un Prince vertueux, à la plus inflexible droiture.

Mémoires du Dauphin, page 93.

I. En effet le premier & essentiel objet des connoissances d'un Roi, c'est lui-même ou la nature de son autorité; puisque c'est la nature de l'autorité qui fait les Rois, c'est le bon usage de l'autorité qui fait les grands Rois; tel fut aussi le premier objet des recherches, des travaux, des réflexions de LOUIS, Dauphin. Au milieu des délices d'une Cour brillante, & des distractions de la grandeur, on le vit entreprendre ces vastes lectures, ces discussions immenses qui effrayent quelquefois les génies les plus sérieux. Dans un âge où le commun des hommes connoît à peine les élémens de la prudence vulgaire, on le vit creuser les secrets de cette prudence sublime qui gouverne les Etats: appliqué à recueillir dans des veilles laborieuses les fruits des veilles sçavantes des Grotius des Puffendorf, des Burlamaqui, des Montesquieu (a), disciple tour-à-tour de ces grands maîtres, il sonda leurs vues les plus profondes, il pesa leurs principes d'une main sûre, il suivit les conséquences d'un œil juste & pénétrant. Souvent par la droiture naturelle

Vie du Dauphin, p. 234.

(a) Le Dauphin avoit lu sur-tout avec attention le livre de l'Esprit des Loix; il en avoit fait des extraits raisonnés; il vit même une seule fois l'Auteur, & après cet unique entretien, il dit de lui: *M. de Montesquieu raisonne en Philosophe, mais en Philosophe trop Physicien.* Il étoit difficile de caractériser, avec plus de précision, un Auteur plein de grandes vues, mais qui paroît tout enchaîner à la nécessité des Loix physiques, & au fatalisme des climats; ce qui est l'erreur générale & capitale de l'Ouvrage.

de ſon ame il réforma leurs erreurs; il porta avec eux un regard attentif ſur toutes les formes de Gouvernemens qui diverſifient ſur la terre l'ordre politique & ſocial. Parmi ces formes différentes, il remarqua ſur-tout la légiſlation monarchique qui lui étoit deſtinée; il ſentit la ſupériorité & l'excellence de cette légiſlation, il la marqua dans ſes écrits par ſes traits caractériſtiques, moins en Prince héritier d'un trône, qu'en Philoſophe obſervateur; & comme l'excellence même du pouvoir monarchique conſiſte en partie dans les bornes qui le circonſcrivent, le Dauphin s'attacha d'abord ſpécialement à bien connoître ces bornes auguſtes, à bien tracer ces limites ſacrées.

François fideles aux vrais principes, vous qui êtes en ce moment mes lecteurs ou mes juges, ne ſoyez pas allarmés de ces noms odieux en apparence, de limites & de bornes que je viens de prononcer! Ne craignez point qu'imitant ici la licence de mille écrivains téméraires, je répete les leçons faſtueuſes que ces maîtres prétendus oſent donner aux Rois, ou les ſéditieuſes maximes qu'ils inſpirent aux Peuples. Je ne parlerai point d'après moi-même, je ne ferai que peindre l'eſprit de Louis, Dauphin, extraire ſes penſées, preſque répéter ſes paroles; & je penſe que ſous un tel maître, les peuples pourront écouter ſans danger, les Rois s'inſtruire ſans chagrin. Je penſe que les grands principes de légiſlation & de gouvernement recevront ici, aux yeux des Peuples & des Rois, de la plume augufte de Louis, Dauphin, une efpece de fanction puiffante que mille plumes vulgaires ne leur donneroient jamais. Je penfe enfin que dans l'éloge d'un Prince qui, pouvant agir fi peu, a fi profondément réfléchi, fupprimer fes réflexions les plus profondes, ce feroit manquer fon éloge; & quoique du dépôt précieux de fes réflexions, il ne nous refte que des lambeaux imparfaits, mutilés, féparés & épars, cependant les yeux connoiffeurs y voyent fon ame toute entiere; de même que dans les débris des antiques monumens, les maîtres de l'art découvrent encore l'enfemble de leurs parties, & les juftes proportions qui y étoient obfervées (*a*).

Ainfi donc Louis, Dauphin, apperçut d'abord à

(*a*) Malgré ces précautions & préparations oratoires, bien des Lecteurs fans doute condamneront les longueurs, & peut-être les principes de cette premiere Partie : il faut donc laiffer là toutes les précautions oratoires, & parler fimplement; il faut dire que cette premiere Partie forme par elle-même un Code complet & fuivi d'inftructions & d'exemples pour les Princes & pour les Rois. Or, ce Code fuivi & complet, l'Auteur ne l'a pas inventé, l'Auteur ne l'a pas cherché, l'Auteur l'a trouvé, il l'a trouvé tout entier, mot pour mot, idée pour idée, dans les écrits, les paroles & les actions du Dauphin : l'Auteur ne pouvoit donc l'abréger ni l'omettre, fans manquer fon but effentiel, & le vrai point de fon fujet, fur-tout dans un Ouvrage d'une heure & demie de lecture, tel qu'il étoit & devoit être demandé.

Quant aux principes, tout le monde a entre les mains les Mémoires & la Vie du Dauphin, & l'on peut les confulter à toutes les pages indiquées.

l'autorité qui lui étoit destinée, ces bornes immuables
d'équité & de justice, de modération & d'humanité pour
celui qui commande, remparts assurés de la liberté,
de la paix, des propriétés de ceux qui obéissent: bornes Mémoires, pages 101, 166.
essentielles & sacrées, que la raison universelle appose
à toute espece d'autorité sur la terre, & qui ne furent
jamais franchies que par l'ignorance ou la fureur.

Le Dauphin apperçut ensuite ces bornes presque
aussi augustes, qui commencent à caractériser les Monarchies; ces Loix fondamentales de succession, con-
firmées par le suffrage des siecles, écrites dans les
cœurs plus que dans des archives, & que l'on doit
appeller les pierres angulaires des Etats, les fondemens Pag. 147.
inébranlables de la commune tranquillité.

Portant plus loin un regard observateur, le Dauphin apperçut une troisieme borne apposée à l'autorité
qui préside aux Monarchies. Comme tout dans ces
Etats dépend d'une volonté unique, & reçoit de cette
unité une force rapide d'exécution, il sentit que cette
rapidité pouvoit dégénérer en précipitation funeste; Pag. 132.
qu'une force aussi puissante devoit s'enchaîner elle-
même; que pour être toujours sage, elle devoit être
toujours lente, & que jamais la volonté instantanée
du Monarque ne pouvoit détruire sa volonté réfléchie, authentique & constante, qui seule constitue
la loi.

Enfin portant ses regards aussi loin qu'ils devoient
aller, le Dauphin apperçut la borne essentielle du
pouvoir monarchique, il en détermina le caractere P. 125, 134.

distinctif; il observa que dans les Gouvernemens despotiques, si rien n'est grand que le maître, si toute grandeur dépend uniquement de la sienne, & peut être abaissée, anéantie par lui, s'il n'y a dans ces Gouvernemens d'autres propriétés que des propriétés de richesses, il n'en est pas ainsi dans les Monarchies; elles ont des pouvoirs intermédiaires & subordonnés; elles ont des propriétés de distinction & de rang, de prérogatives & de privileges dans tel & tel ordre de sujets, propriétés réelles que le Monarque est même censé quelquefois n'avoir pas données, qu'il ne peut pas détruire, & qui environnant sans cesse le pouvoir souverain, le bornent en l'environnant, & le défendent en le bornant.

C'est ce que comprit parfaitement LOUIS, Dauphin; car loin de s'irriter contre ces pouvoirs, ces limites & ces bornes, il les protégea, il les aima, il les étudia avec attention dans la Monarchie qui lui étoit destinée; il les distingua avec soin, il les marqua chacun séparément, il sentit leur utilité, leur force même nécessaire. Il observa que les incendies des révolutions, si faciles à allumer dans les Etats Républicains, si rapides & si dévorans dans les Etats despotiques, étoient plus lents, plus rares, presque inconnus dans les vraies Monarchies; il observa que l'aveugle multitude, qui se laisse si aisément séduire, entraîner par-tout ailleurs, étoit contenue dans ces Etats par les pouvoirs intermédiaires eux-mêmes, intéressés à défendre leurs propriétés personnelles en défendant

Mémoires pag. 133.

celles du Monarque ; il obſerva que ces forces diverſes de diſtinction & de rang, protégées par le Souverain, protégeoient à leur tour la force ſouveraine, & que de ces rapports réduits à l'unité, réſultoit un tout inébranlable, dont les parties, liées comme celles d'un édifice, ſe ſoutenoient mutuellement pour braver de concert les outrages du tems deſtructeur, les caprices de l'inconſtance, plus deſtructeurs encore. Vie du Dauphin, p. 96.

Cet accord mutuel des forces de l'Etat étoit ſi cher à LOUIS, Dauphin, qu'admis dans le Conſeil, on y remarqua plus d'une fois le zele qu'il fit paroître pour conſerver cet heureux accord ; on y remarqua ſon attention religieuſe à maintenir les privileges des différens corps de l'Etat ; on remarque même dans ſes écrits que tout ce qui pouvoit troubler cet accord, troubloit ſon ame & l'attriſtoit ; il y déplore amérement, il y condamne ſévérement, dans les Rois ou dans leurs Miniſtres, une ignorance funeſte, qui leur faiſant d'abord imprudemment bleſſer des propriétés ſacrées, les met bientôt dans l'alternative cruelle, en reculant de paroître foibles, ou d'être injuſtes en avançant. Page 97. Mémoires, pag. 94.

Mais ſi le Dauphin connut parfaitement les limites du pouvoir qui lui étoit deſtiné, il ne s'appliqua pas moins à en bien connoître l'étendue. Forte & haute par ſa nature, douce par vertu & ſans foibleſſe, l'ame royale de ce grand Prince eût été ſur le trône noblement jalouſe de ſon pouvoir ; il eût été jaloux, non par paſſion, mais par ſageſſe, non par amour de lui- Pag. 101.

même, mais par amour pour ſes peuples; & jamais Prince peut-être n'obſerva, ne comprit mieux que lui, que ſi d'une part les limites appoſées dans les Monarchies au pouvoir ſouverain, aſſurent ſa force conſtante en paroiſſant la gêner, d'autre part, l'étendue abſolue de ce même pouvoir ſur tout ce qui ne tient pas à ſes limites, aſſure le bonheur des peuples en paroiſſant les ſurcharger. Perſonne ne comprit mieux que, ſous les Rois timides & foibles, la multitude eſt toujours ſouffrante; que ſous des tyrans multipliés, chaque partie de l'Etat eſt foulée de plus près; que l'autorité partagée peſe mille fois plus ſur les ſujets que l'autorité unique, & qu'enfin cette unité précieuſe, même en abuſant de ſa force, conſume moins que la diviſion.

Vie du Dauphin, p. 132.

Ce fut auſſi d'après ces maximes que le Dauphin calcula d'une main ferme & ſûre, tous les droits ſouverains dans une vraie Monarchie; il les marqua chacun de leurs traits particuliers, il meſura, décrivit le vaſte eſpace que ces droits occupent, auſſi exactement qu'il avoit tracé les limites qui les circonſcrivent. Il porta ſur cette partie de ſes connoiſſances un regard d'autant plus ſévere, que ſur cette partie auguſte, importante & ſacrée, il voyoit de funeſtes ténebres commencer de ſe répandre. Inſtruit des mœurs de ſon ſiecle & de ſes erreurs, il ſçavoit qu'un eſprit d'indépendance anarchique, fruit de la licence de tout écrire, infectoit la Nation de ſon venin nouveau. Avide de tout lire & de réfléchir ſur tout, ce Prince

Mémoires, page 101.

avoit lu, étudié, médité le plus grand nombre des écrits contagieux dans lesquels ce venin étoit présenté ; il avoit découvert la fausseté & la source de leurs ruineux principes, il en avoit suivi les conséquences si funestes au bonheur public ; plus d'une fois il les réfuta dans le silence de la réflexion, & il se crut toujours permis de les haïr d'une haine d'autant plus juste, qu'il portoit dans son cœur & dans ses principes sur la douceur du Gouvernement de quoi la justifier.

Mémoires, pag. 249.

Car c'est du cœur de LOUIS, Dauphin, c'est des écrits de ce Prince, image de son cœur, dépositaires de ses principes, que va sortir la vérité destinée à les confondre, ces esprits audacieux, les séducteurs des peuples, les ennemis des Rois ; c'est du cœur de LOUIS, Dauphin, que partira la foudre qui doit les écraser.

Répondez en effet, hommes chagrins & superbes, vous qui, partisans de la Démocratie sous un Monarque, auriez affecté la Monarchie dans un Etat démocratique, c'est vous que j'interroge ici en ce moment : vous prétendez donc que la propriété du pouvoir reste toujours par son essence entre les mains du peuple qui devroit toujours l'exercer ; que le partage du pouvoir peut seul former de vrais citoyens, & remplir les ames d'un amour ardent pour la patrie ; qu'il n'est de patrie que dans les Gouvernemens Républicains ou dans ceux qui en approchent ; vous refusez même le nom de nation aux peuples sujets des Monarques, pour ne leur donner que les noms insultans & odieux de multitude

Vie du Dauphin, p. 78.

efclave, ignorante, confufe, contenue par la force & fans liens d'amour. Mais dites-moi: dans une famille bien réglée appercevez-vous un partage d'autorité & de pouvoir? Des enfans foumis, parce qu'ils font foumis, font-ils infenfibles à la gloire de leur pere & à la commune profpérité? Ne font-ils unis entr'eux & à leur pere que par les liens de la force?... Hommes aveugles & faux, vos principes font donc auffi faux que vos ames: ce n'eft donc pas l'unité de pouvoir qui détruit les nœuds de l'amour; elle les forme au contraire, ces liens doux & facrés, elle les conferve, elle les ferre, en leur donnant un centre commun dans lequel le bien de tous devient celui d'un feul, le bien d'un feul celui de tous.

Tel le gouvernement paternel, & tel le monarchique, le feul puifé dans la nature, dans la nature tranquille & vertueufe, tandis que les autres n'ont pris leur fource que dans des vices, dans des paffions inquietes; & fi cependant, par la foibleffe inféparable de la nature, on voit trop fouvent des maux fortir d'une forme de gouvernement prife dans la vertu même, combien plus de maux & de larmes doivent fortir des gouvernemens qui ne font pris que dans le vice?

Or, ces principes fuppofés & cette image tracée, apprenez, efprits inquiets, François dégénérés, pour qui je parle en ce moment, apprenez que c'eft précifément fous cette douce image de gouvernement paternel que LOUIS, Dauphin, envifageoit toujours l'autorité de Roi qui lui étoit deftinée; c'eft cette image tou-

Vie du Dauphin, p. 133, 139, 144.

chante qui revient fréquemment dans ſes immortels écrits; c'eſt ſous les traits de cette image qu'il étudioit ſes devoirs, qu'il ſe préparoit à les remplir, qu'il aimoit à ſe conſidérer lui-même préſidant un jour ſur un peuple immenſe; c'eſt enfin d'après cette image, que tempérant par la douceur, ſes principes hauts & ſéveres ſur l'étendue de ſon pouvoir, dans le plus abſolu des Monarques, il annonçoit le meilleur des Peres, il le montroit déja autant qu'il pouvoit paroître par ſes diſcours & ſes actions.

N'eſt-ce pas en effet parce que LOUIS, Dauphin, portoit un cœur de Pere noblement déſintéreſſé, qu'il appelloit un Monarque *l'économe des revenus de l'Etat*, l'adminiſtrateur *des biens de la famille; il regardoit comme injuſte toute impoſition que le bien général n'exigeoit pas; il ne voyoit la proſpérité de l'Etat & de la famille que dans l'adminiſtration la plus exacte de ſes revenus & la plus prudente économie?* Il renonçoit dans des tems malheureux pour les peuples à un légitime accroiſſement de richeſſes pour lui-même, il renonça même à des voyages utiles, deſtinés à l'inſtruire, mais dont les frais immenſes auroient pu ſurcharger l'Etat. Vie du Dauphin, p. 140.

N'eſt-ce pas parce qu'il portoit un cœur de pere profond dans les vues de ſon amour, que toute profuſion faſtueuſe contriſtoit ſon amour? Tous les fonds d'un luxe funeſte étoient pris à ſes yeux, ſur les beſoins de ſes enfans; la joie d'un feſtin, ſelon lui, n'étoit douce pour un Roi que par la penſée de celle des ſujets; Pag. 142. Pag. 151.

Vie du Dauphin, page 76. dans les fêtes les plus brillantes, il préféroit le ſoulagement des malheureux, à des expreſſions de joie trop ſouvent ſtériles. Des édifices trop ſuperbes lui paroiſſoient cimentés du ſang des peuples ou du moins de leurs larmes ; & lui-même, un jour, après avoir tracé d'une main induſtrieuſe le plan d'un palais délicieux, ne trouvoit dans ce plan, rien de plus beau, ſinon que pour le réaliſer il n'en coûteroit rien à ſon peuple.

N'eſt-ce pas parce que Louis, Dauphin, portoit un cœur de pere, plein d'une ſollicitude empreſſée, que ſa tendreſſe curieuſe calcula ſi ſouvent le prix des denrées d'une néceſſité premiere, pour le comparer avec le ſalaire du pauvre, avec les fruits du travail du laboureur & de l'ouvrier ? Souvent il gémit en ce genre ſur l'injuſtice publique, il chercha les moyens délicats de la réparer ; & peut-être ſon génie éclairé par l'amour, eût découvert ſur ce point de nouvelles lumieres ; peut-être il eût arrêté des accroiſſemens arbitraires, effet de la cupidité induſtrieuſe des riches, il eût fixé ſur ce point la vraie police par de ſages loix.

N'eſt-ce pas parce que Louis, Dauphin, portoit un cœur de pere, un cœur ſenſible & compatiſſant, que tous les maux des peuples devenoient les ſiens, leurs larmes devenoient ſes larmes, tous les ſoupirs François retentiſſoient à ſon oreille, toute image de ſouffrance faiſoit couler de ſa main le ſoulagement & le ſecours ? Page 151. Plus d'une fois il gémit ſur une médiocrité de richeſſes inférieures aux deſirs de ſa compaſſion ; plus d'une fois il eut recours à des richeſſes étrangeres pour ſubvenir à des maux pressans, & malgré la sévérité d'une exacte économie, la bienfaisance en lui, au moment de sa mort, se trouvoit encore chargée des dettes de la justice. Vie du Dauphin, page 156.

N'est-ce pas parce que Louis, Dauphin, portoit un cœur de pere, un cœur vaste & sans limites, que sa bonté n'avoit pas besoin d'être émue par l'image même du malheur? A l'instant où la voix publique portoit auprès de lui un cri de calamité, quelqu'éloigné qu'en fût le théâtre, son ame y voloit toute entiere, suivie d'abondans secours; & combien de fois dans les Provinces les plus reculées de la Monarchie, les gémissemens des peuples furent calmés, leurs larmes séchées sans le sçavoir, par l'héritier même de la Monarchie? Pag. 154.

N'est-ce pas parce que Louis, Dauphin, portoit un cœur de pere, un cœur vigilant & attentif, qu'au moment où étoient parvenus à sa connoissance quelques-uns de ces noms bienfaisans, qui avoient adouci par leurs largesses une infortune publique; à ce moment ces noms chéris étoient gravés dans sa mémoire en traits ineffaçables? Il les regardoit comme les noms des protecteurs de ses enfans; il croyoit avoir envers eux à acquitter une dette paternelle; il l'acquittoit en leur adressant lui-même, en leur faisant porter des paroles d'applaudissemens, presque de reconnoissance; & plus d'une fois des cœurs généreux furent étonnés d'être devenus comme les bienfaiteurs d'un grand Prince, lorsqu'ils croyoient ne l'avoir été que de quelques sujets obscurs. Pag. 154.

N'est-ce pas parce que Louis, Dauphin, portoit un

cœur de pere, plein d'attentions & de ménagemens; qu'au milieu même des feux du premier âge, au milieu des plaiſirs les plus tumultueux, la ſeule penſée de la douleur d'un ſujet éteignoit toute ſon ardeur? Jamais dans ſes chaſſes une moiſſon jauniſſante ne le vit fouler ſes guérets. Le champ du cultivateur le plus obſcur arrêtoit ſa courſe impétueuſe, & jamais ſous le prétexte de réparations douteuſes, foibles, inſuffiſantes, il ne ſe crut (*a*) permis des dommages certains, le plus ſouvent inappréciables.

N'eſt-ce pas ſur-tout enfin parce que LOUIS, Dauphin, portoit le cœur d'un pere, ſans odieuſe partialité, qu'on l'entendit ſouvent proteſter avec ſageſſe qu'il préféroit l'amour de la multitude obſcure, droite &

(*a*) M. le Dauphin renonça de très-bonne heure à l'exercice de la chaſſe après le malheur arrivé à M. de Chambord ſon Ecuyer: il paroît cependant que ce malheur fut l'occaſion plutôt que la cauſe de ſon dégoût. Le caractere profond & réfléchi de ce Prince ne pouvoit goûter long-tems un plaiſir qui traîne tant de fracas.

Au reſte on trouvera peut-être condamnable qu'il ne ſoit point parlé, dans cet Eloge, de la douleur amere que cauſa au Dauphin le malheur que je viens de rappeller; mais on ne peut pas tout dire, & il faut dire l'eſſentiel. Il y a dans Paris deux cens mille ames ſenſibles & douces, par éducation & par nature, qui euſſent témoigné dans un pareil événement la même ſenſibilité que M. le Dauphin. Il n'y a peut-être pas dans Paris deux ames aſſez fortes & aſſez grandes pour avoir ſoutenu le poids de la vie de M. le Dauphin, pour avoir formé & rempli le plan de ſes travaux.

ſimple, à tout l'enthouſiaſme flateur des hommes brillans qui peuplent les Cours ? Parole profonde, leçon des Rois, cenſure énergique de cette foibleſſe aveugle, qui ſéduiſant les Princes par une fauſſe bonté, leur fait répandre la joie ſur les fronts qui les entourent, par des profuſions exceſſives, tandis que ces mêmes profuſions loin d'eux répandent la triſteſſe ſur les fronts nébuleux de mille infortunés.

Voilà le cœur de LOUIS, Dauphin : voilà ſes principes de douceur, réduits par avance en pratique : voilà ſon ame toute entiere, fidélement peinte par lui-même : & combien je pourrois rappeller encore ici, de ces douces paroles, de ces ſentimens ſubits, de ces actions précieuſes, que l'occaſion fait jaillir ſans préparation & ſans art, pour montrer à découvert le cœur qui les produit ? Voilà le cœur de LOUIS, Dauphin : & quel eût été ſur le Trône même, celui qui fut tel au pied du Trône ?

Ennemis des Monarchies, refuſerez-vous encore les noms de citoyens, de nation & de patrie, aux peuples gouvernés par un tel Monarque ?... Eh bien ! ſoit : nous y conſentons ; mais cherchez donc des noms plus doux, appellez-les des noms de famille & de freres : tous les François vertueux euſſent été des freres ſous le regne de LOUIS, Dauphin.

Périſſe donc à jamais, ſous un regne ſemblable au regne fortuné que préparoit ce Prince ; périſſe à jamais parmi nous cette contagion démocratique qui a infecté depuis quelques luſtres les écrits, les mœurs, les diſcours! Périssent ces principes nouveaux qui semblent tendre sans cesse à désunir l'unité, à séparer ce qui ne peut l'être, à distinguer le Souverain de l'Etat, la Patrie de la Monarchie, le François du Sujet, le Citoyen du Serviteur du Roi! Périsse un esprit funeste à la Nation Françoise, autant qu'il lui est étranger! esprit emprunté d'une Nation voisine qui marquée à la vérité par des traits forts & profonds, mais sombres, inquiets & même un peu farouches, ne pourra jamais par conséquent servir de modele à une Nation douce, franche, généreuse, & semble uniquement destinée à lui servir de rivale; rivale jalouse dans la guerre, émule toujours amie dans les sciences, les arts & les travaux de la paix.

II. En vain cependant pour former un bon Roi, LOUIS, Dauphin, auroit profondément réfléchi sur la nature de l'autorité monarchique, sur ses bornes, son étendue, sa douceur; il eût préparé foiblement le bonheur de la Nation, si l'activité de ses lumieree ne se fût porté plus loin. Il ne suffit pas à un Prince de connoître les principes, il faut les appliquer: il ne suffit pas de vouloir le bien, il faut le voir, il faut le voir pour le faire, il faut le bien voir pour le bien faire, il faut le voir en détail dans chacune des parties où il importe de le faire, il faut le voir malgré les obscurités qui l'environnent sans cesse & le cachent aux yeux des Rois.

Car, hélas! ces heureux tems ne sont plus, où les Gouvernemens aussi simples que les mœurs ne demandoient dans les chefs des peuples que douceur, droiture, équité: les grands Etats forment aujourd'hui des corps énormes, immenſes, compoſés d'une multitude innombrable de mouvemens & de rapports, d'actions diverſes & compliquées, qui toutes à leur maniere doivent concourir au bien commun : chacune des parties de ces vaſtes corps, ſubdiviſée en pluſieurs autres, demanderoit des hommes tout entiers pour être pleinement connue, & il faut cependant que l'œil du ſeul Monarque porte ſur toutes la lumiere.

Louis, Dauphin, conſidéra donc toutes ces parties différentes, d'abord d'un coup d'œil général; il s'affligea de leur multitude, de leur déſolante immenſité; & l'on retrouve dans ſes écrits les expreſſions de ſa douleur. Mémoires, pag. 104. Mais quelque vive & juſte que fût ſa douleur, elle ne dégénéra point en un déſeſpoir d'indolence, ſentiment ordinaire des ames foibles à la vue des grandes difficultés, écueil le plus funeſte, le plus dangereux pour les Rois. Le Dauphin ne renonça pas au bien qu'il pouvoit faire, parce qu'il ne pourroit pas tout le bien qu'il voudroit; en ſe réſervant de conduire & de gouverner ſur la foi d'autrui ce qu'il ne pourroit un jour conduire par lui-même, il voulut d'abord ſe mettre dans l'état de conduire par lui-même tout ce qu'il pourroit conduire, éclairer ſans la foi d'autrui. Il deſira des lumieres, il les chercha, il les trouva parce qu'il les chercha avec droiture, & la néceſſité même du ſecret impoſée à ſes recherches le conduiſit comme par la main à la véritable ſource des connoiſſances ſûres de toutes les parties de détail.

Tandis que ce Prince couloit des jours paiſibles dans un ſilence vertueux & une ſage obſcurité, des amis diſcrets & actifs raſſembloient autour de ſon inaction apparente, les ſollicitudes les plus réelles du Gouvernement, ſes ſoins les plus laborieux. Dans chacune des parties de l'adminiſtration publique, des hommes expérimentés, exercés par d'anciens travaux, des hommes, non pas rapidement élevés par la faveur & l'intrigue, mais conduits lentement & par degrés, de places en places, d'emplois en emplois; des hommes par conſéquent les ſeuls bons maîtres pour bien inſtruire, étoient cherchés curieuſement, déſignés prudemment, mûrement choiſis, ſecrétement avertis d'offrir des tableaux fideles de la partie d'adminiſtration qui leur étoit confiée; ils étoient chargés de communiquer des lumieres, d'ouvrir des vues, de tracer des plans, d'expoſer les détails, d'indiquer les vices, de chercher les remedes. Marine & guerre; juſtice & jugement; commerce du dedans & du dehors; intérêts, rapports étrangers; culture intérieure; état des Provinces; nature des productions; étendue des reſſources; force relative pour ſupporter les charges publiques, finances ſur-tout; emplois des richeſſes de l'Etat, répartition, perception des impôts; par-tout le Dauphin avoit ſes agens myſtérieux, ſes émiſſaires fideles & cachés, qui agiſſoient, penſoient, recherchoient, recueilloient pour lui.

Mémoires, pag. 107.

Vie du Dauphin, page 137.

Souvent ces hommes de choix ſavoient que le but de leurs recherches étoit d'éclairer l'héritier préſomptif de la Couronne ; & cette connoiſſance rendoit leurs travaux plus actifs ; ſouvent auſſi ils ignoroient le but de leurs recherches, & cette ignorance rendoit plus naïve l'expoſition de leurs penſées ; toujours du moins ils agiſſoient ſans accord entr'eux & ſans intelligence, aucun d'eux ne ſavoit que ſur un même objet, d'autres que lui étoient conſultés ; ils travailloient tous ſéparément, & les réſultats divers de leurs travaux, rédigés dans des écrits méthodiques, portés par les mains diſcretes de l'amitié, dans les mains mêmes du Prince, parvenoient ainſi ſucceſſivement dans les archives de ſa ſageſſe, pour y être diſcutés, rapprochés, comparés en ſilence par ſon génie obſervateur.

Cette comparaiſon profonde, ce rapprochement réfléchi étoit ſur-tout pour Louis, Dauphin, la ſource féconde & ſûre des lumieres qu'il cherchoit. Lorſque pluſieurs de ces hommes, choiſis prudemment, ſéparément interrogés, parlant ſans intérêt, travaillant ſans concert, ſe trouvoient néanmoins parfaitement d'accord entr'eux, pour déplorer le même vice dans telle partie d'adminiſtration, pour indiquer les mêmes remedes, pour ouvrir les mêmes vues, tracer les mêmes plans ; la vérité alors étoit regardée par le Dauphin comme pleinement connue ; ſes lumieres ſur cet objet étoient déſormais ſans nuages, elles étoient dépoſées avec ſes propres réflexions dans les tréſors d'un regne à venir, elles étoient deſtinées à en ſortir un jour avec la ſanction de la Loi.

Précieuſes lumieres ! pourquoi donc n'êtes-vous

jamais sorties des mystérieuses ténebres, où la sagesse de LOUIS vous avoit placées? Trop juste Ciel, jaloux de notre bonheur, pourquoi en nous enlevant le plus éclairé des Princes, ne pas nous laisser du moins une portion de lui-même dans les fruits de ses longs & utiles travaux? pourquoi sa bouche mourante devoit-elle condamner confusément aux flammes, des écrits, trop pleins de vérités odieuses aux méchants, pour ne pas exposer la sûreté des bons? pourquoi dans son cœur, l'amitié inquiete devoit-elle l'emporter sur nos plus chers intérêts, & tromper ainsi tout ensemble, les espérances des peuples, l'instruction des Rois, l'admiration, les éloges, l'amour de la Postérité *(a)*?

Cependant quoique l'amitié prudente, en consumant en grande partie, le dépôt des recherches & des lumieres de LOUIS, Dauphin, nous ait ainsi ravi une des plus belles portions de lui-même, elle ne l'a pas ravie toute entiere; il en est sorti assez d'étincelles, pour justifier nos éloges; d'ailleurs quelqu'attentif qu'il fût à se voiler, ces précieuses étincelles échap-

---

(*a*) Lorsque le Dauphin sentit sa mort approcher, il appella l'Officier qui étoit chargé de son cabinet d'étude à Versailles, & lui désigna les papiers qu'il devoit brûler; il y en eut à brûler une si grande quantité, ou de la main du Prince, ou de mains étrangeres, qu'il fallut plusieurs heures, pour remplir la commission. Il avoit aussi à Fontainebleau quantité de papiers qui furent brûlés par Madame la Dauphine, comme cette Princesse le dit dans son Journal. *Vie du Dauphin*, *pag.* 239.

poient de ſon ſein quelquefois malgré lui, & dans l'homme le plus ſimple, le moins inſtruit en apparence, déceloient le grand Roi, l'homme le plus éclairé.

Tantôt à l'iſſue d'un Conſeil, après avoir diſcuté, long-tems, une queſtion épineuſe ſans la décider, un Miniſtre, blanchi dans les affaires, eſt frappé d'admiration, lorſqu'il entend un jeune Prince, rappeller exactement des diſcuſſions profondes, les peſer juſtement, en indiquer les ſources, prévenir même la déciſion qu'un regard moins perçant n'eût pas même entrevue.

Tantôt dans une de ces circonſtances lamentables, où les génies les plus exercés ſentent vaciller leurs lumieres, au milieu des douleurs, des terreurs d'un Pere bleſſé, d'un peuple ému, d'une Cour allarmée, le Dauphin conſerve ſa force, ſa préſence d'eſprit toute entiere; & après l'avoir entendu opiner dans le Conſeil où il a préſidé, un homme ſage, ſans flatterie, jette à la gloire de ce Prince le cri de l'admiration.

Ici, des Généraux expérimentés, après avoir joui quelque tems de l'honneur de ſon entretien, menacent l'Europe dans ſa perſonne du plus redoutable des Conquérans, ſi ſa juſtice lui permet de l'être. Là, c'eſt un homme verſé dans toutes les connoiſſances maritimes, qui eſt ſurpris de voir un Prince toujours enchaîné dans un Palais par l'inertie de la grandeur, parcourir cependant d'un vol rapide & d'un regard intelligent, la vaſte étendue des mers, indiquer les parages dangereux ou ſûrs, les ports les plus floriſſans, marquer les différentes branches de commerce, ouvrir des ſources de richeſſes nouvelles & inconnues.

Ailleurs, des hommes éclairés dans la ſcience des fortifications, le voient ſaiſir avec juſteſſe le fort & le foible d'une place, les moyens d'attaque & de défenſe : un étranger l'écoute ſans le connoître, expoſant avec préciſion tous les ſecrets de la Tactique Militaire, ſur les marches & les campemens. Plus d'une fois des hommes appliqués au maniement des deniers publics, l'ont vu jetter des lumieres précieuſes ſur cette partie d'adminiſtration : plus d'une fois auſſi des Magiſtrats vertueux l'ont entendu dévoiler auſſi ſavamment qu'eux-mêmes, les ſecrets les plus profonds du ſanctuaire de la Juſtice ; & c'eſt ainſi que la néceſſité de connoître les hommes, de leur parler, de les entendre, faiſant ſortir par occaſion quelques rayons des lumieres du Dauphin, trahiſſoit pour ainſi dire la modeſtie de ſon ame.

III. J'ai dit la néceſſité de connoître les hommes, car le Dauphin regarda toujours cette troiſieme obligation des Rois, comme une des plus ſacrées : il comprit que le Monarque ne pouvant tout voir, ſon mérite eſſentiel conſiſte à bien choiſir ceux qui voient pour lui. Il comprit combien en ce genre, l'inattention, l'erreur, l'ignorance, les ſurpriſes de l'adreſſe, les intrigues de la faveur, traînent après elles de mauvais choix ; combien de déſordres & de maux, les mauvais choix traînent après eux.

Mais plus ce Prince comprit la néceſſité de bien connoître les hommes pour les bien placer; plus les difficultés de remplir ce grand devoir, affligerent ſa droiture, plus elle fut contriſtée, en penſant que cette connoiſſance, bien plus néceſſaire aux Rois qu'aux autres hommes, étoit cependant bien plus facile aux autres hommes, qu'aux Rois. Combien de fois on l'entendit ſur ce point accuſer ſa propre grandeur qui écartoit loin de lui les plus communes lumieres! Combien de fois il deſira pouvoir s'envelopper du voile de l'obſcurité, ſe précipiter dans la foule avec les hommes vulgaires, & inconnu comme eux, y voir des égaux, penſer & agir avec cette liberté qui ſeule les fait connoître! Combien de fois il ſe plaignit de ce que tous les hommes ne préſentoient pour ainſi dire autour du Trône, que les mêmes viſages, & devenoient pour les Princes autant d'énigmes inexplicables! (*a*)

Cependant tout effrayé qu'il étoit, des obſcurités d'une ſcience mille fois plus étendue que celle des principes & des détails, toujours appliqué à combattre ce vice fatal d'indolence, comme inhérent au cœur

---

(*a*) Je vous eſtime heureux, diſoit un jour le Dauphin à un ami, vous voyez ſouvent des hommes. — Il me ſemble, Monſeigneur, que vous en voyez bien autant que moi. — Vous vous trompez, ceux qui ſont pour vous des hommes, ne ſont plus devant nous que des automates, que nous faiſons remuer par reſſorts.

des Princes, qui leur fait tout abandonner par le déſeſpoir de tout faire, le Dauphin porta dans cette troiſieme partie de ſes recherches, la même activité généreuſe que dans les deux premieres : il triompha des mêmes obſtacles, il obtint les mêmes ſuccès.

Ainſi donc en accuſant ſur l'étude des hommes, les ténebres qui environnent les Trônes, l'obſcurité inhérente à la grandeur, loin de la grandeur & du Trône, le Dauphin d'abord chercha des lumieres, & ſes recherches empreſſées firent éclore pour ſon inſtruction & celle de tous les Princes, un ouvrage (*a*) précieux en ce genre, marqué par deux caracteres de profondeur & de vérité, trop foiblement apperçus dans un ſiecle frivole, parce que ces deux caracteres ſont cachés ſous celui d'une ſimplicité rapide.

En accuſant ſur l'étude des hommes, les ténebres qui environnent les Trônes, le Dauphin chercha des lumieres dans les ouvrages de ces obſervateurs célebres qui ont étudié les mœurs avec plus de ſagacité, les ont peintes avec plus de force, d'exactitude & de vérité. Le burin profond de Tacite, le pinceau rapide de Suétone, les tableaux précis d'un la Bruyere, les portraits naïfs d'un Adiſſon, mille autres ouvrages de ce genre, lui furent connus & familiers.

En accuſant ſur l'étude des hommes, les ténebres qui environnent les Trônes, le Dauphin chercha des lumieres dans une ſource éloquente, toute muette qu'elle

---

(*a*) *Connoiſſance des Hommes*, par le P. Griffet.

eſt

eſt : comme les hommes de tous les ſiecles, différens entr'eux par les traits particuliers, ſe reſſemblent toujours par les traits communs, le Dauphin étudia les hommes dans l'hiſtoire ; il la regarda comme ſpécialement deſtinée à inſtruire les Rois ; il l'appelloit *l'avis aux Princes, l'école de la Politique.* Toutes les ſources de connoiſſances en ce genre furent ouvertes par lui, conſultées, épuiſées ; tous les hommes éclairés furent entendus ; toutes les méthodes furent connues. Il étudia ſur-tout parmi les monumens de l'Hiſtoire, ces écrits précieux dont les derniers regnes de la Monarchie ont été ſi féconds, ces Mémoires naïfs & rapides, où des Courtiſans eux-mêmes, contemporains, ſpectateurs, acteurs & auteurs, tout enſemble, peignent les mœurs, les faits, les caracteres, les hommes, les intrigues, les fautes, les foibleſſes, les vices, avec une piquante vérité. Ainſi dans les tableaux des Cours des Rois ſes ayeux, le Dauphin jugeoit la Cour d'un Pere, il ſe préparoit à connoître, à juger, à régler la ſienne. Vie du Dauphin, p. 89.

Enfin en accuſant ſur l'étude des hommes, les ténebres qui environnent les Trônes, & comme inhérentes à la grandeur, le Dauphin en reconnut la principale cauſe dans une réſerve exceſſive, plus embarraſſée d'ordinaire, plus chagrine & timide, que ſuperbe & hautaine, qui enchaînant les Princes à leur propre grandeur intercepte entr'eux & les hommes vulgaires, preſque toute communication.

Chefs des nations, Idoles des peuples, têtes prétieuſes & chéries, vous qui occupez des Trônes, ou qui par vos droits les entourez, d'après un grand exemple ſera-t-il permis ici d'offrir une grande leçon? Rois ou enfans des Rois, ſans oublier jamais vos dignités ſacrées, daignez apprendre à en tempérer l'éclat! ſans être prodigues de vos perſonnes auguſtes, n'en ſoyez pas ſi avares! ſans avilir l'honneur de vos entretiens par des profuſions imprudentes, ſachez le diſpenſer à propos par une ſage libéralité. Vous profanez quelquefois votre familiarité même, en l'accordant à des ames viles, trop ſouvent occupées à ſervir vos foibleſſes, & vous refuſez une parole, un regard à des ſujets reſpectables, trop ſouvent épuiſés pour ſervir votre gloire. Un front inconnu vous en impoſe parce qu'il eſt inconnu: vous craignez preſque plus, que nous ne craignons nous-mêmes, vous augmentez nos craintes par les vôtres, nos craintes déjà ſi vives & que le reſpect peut excuſer; mais qui peut excuſer les vôtres? que craignez-vous? de rencontrer parmi ces hommes inconnus, des hommes trop naïfs, ou trop éclairés? ils vous éclaireroient; ſouvent un entretien fortuit a produit plus de vraies connoiſſances, que des années de recherches. Que craignez-vous? de ne pas vous montrer vous-mêmes aſſez grands, & aſſez éclairés? ſoyez bons, il vous eſt toujours poſſible de l'être: ſoyez bons, ſachez le paroître, vous ſerez toujours aſſez grands.

Telles les maximes, & telle la conduite de Louis, Dauphin. Comme tous ceux que le Ciel deſtinoit à être ses sujets, avoient des droits à son amour ; selon les momens & les bienséances, il leur donnoit à tous des droits à ses paroles. Un Guerrier vénérable, un grave Magistrat, des Citoyens décens & honnêtes, tout inconnus qu'ils étoient à ce Prince, quoiqu'amenés autour de lui par cette curiosité seule que l'amour inspire, s'en retournoient charmés de l'honneur imprévu de son entretien, le laissoient fréquemment plus instruit par le leur.

Pour s'instruire mieux encore sans s'avilir jamais, le Dauphin savoit descendre encore davantage : le cultivateur obscur, l'artisan laborieux, le virent plus d'une fois s'intéresser à leurs travaux ; il entendoit volontiers de leurs bouches les détails divers de leurs peines ; il supputoit les fruits de leurs salaires, leurs espérances à venir ; & combien de fois ces communications bienfaisantes furent pour lui des sources de réflexions imprévues, de sentimens profonds, compatissans & doux, qui pénétroient son ame & préparoient toujours plus parfaitement le bon Roi ?

Cependant à ces communications légeres, présentées par le hasard, le Dauphin en ajoutoit d'autres plus intimes, appellées par la réflexion. Autant qu'il étoit possible, tous les Citoyens distingués par des talens, des vertus, des lumieres, des places importantes, avoient des droits à l'honneur de converser avec lui ; mille voies différentes, tantôt secrettes, & tantôt connues, les conduisoient auprès de lui. Sans négliger l'étude des choses, dans ces entretiens plus étendus,

Mémoires, pag. 39, 358, 31.

il s'appliquoit ſur-tout à l'étude des hommes. La méthode qu'il s'y étoit tracée, étoit de profiter de ſa dignité & du reſpect qu'elle inſpiroit pour s'envelopper lui-même, afin de mieux voir, preſque ſans être vu : peu jaloux de paroître empreſſé de connoître, économe de ſes paroles, avide de celles d'autrui, il parloit peu, il interrogeoit beaucoup, il ne préſentoit pas des idées, il en cherchoit, il feignoit quelquefois une ignorance qu'il n'avoit pas, il embarraſſoit la vérité par des difficultés adroites, il aſſembloit les nuages d'objections vraiſemblables, il attendoit que ces nuages fuſſent écartés, il ſondoit dans une explication détaillée, juſqu'à quel point de profondeur la vérité étoit connue, juſqu'à quel degré de force elle étoit poſſédée; toujours attentif ſur-tout à ne pas ſe laiſſer ſéduire par un étalage impoſant de lumieres trompeuſes, lorſqu'il étoit lui-même légérement inſtruit, il portoit alors dans ſes recherches toute l'activité de ſon génie; jamais une idée moins commune ne lui étoit préſentée, ſans être analyſée ſous toutes ſes faces; jamais un terme moins familier de ſcience, d'art, de profeſſion, ne paſſoit rapidement devant lui, ſans être arrêté au même inſtant par des queſtions multipliées qui en recherchoient le ſens & l'à-propos; queſtions rapides, préciſes, inexorables dans leur jalouſe curioſité, qui firent plus d'une fois repentir de ſon imprudence, l'eſprit téméraire qui ne les attendoit pas.

Cette méthode juſte & profonde bleſſa ou trompa la délicatesse de plusieurs hommes prétendus éclairés (*a*); le Dauphin fut regardé par eux comme un de ces esprits stériles, qui sans avoir d'idées à communiquer, fatiguent l'esprit d'autrui par une communication forcée, arrachée par le respect. Mais en ce genre comme en tant d'autres, ce Grand Homme eût été leur maître; il savoit trop bien qu'en parlant aux Princes, les sujets d'ordinaire composent leurs visages, répriment leurs caracteres, enveloppent leur cœur, cachent leurs sentimens, ne montrent que leur esprit. Le Dauphin cherchoit donc d'abord à le connoître; il se réservoit sur le reste à consulter d'autres lumieres, que les lumieres incertaines d'un entretien

---

(*a*) Je me souviens d'avoir entendu, il y a dix-sept ans, un de ces beaux-esprits dégoûtés, qui avoit eu l'honneur de parler quelquefois à M. le Dauphin, & qui n'osoit affirmer que M. le Dauphin eût de l'esprit, parce que, disoit-il, ce Prince questionnoit trop. Ce bel-esprit là étoit vraiment un bel-esprit; car il donnoit une très-mauvaise raison.

Je tiens plus récemment d'un homme, bon esprit & témoin oculaire, que raisonnant un jour sur un Livre impie avec un Théologien & Prédicateur célebre, M. le Dauphin présenta les sophismes & les objections de ce Livre, avec une précision & une profondeur, qui embarrasserent presque le Théologien, & qui eussent fait beaucoup d'honneur à tous nos Savans Messieurs, Matérialistes & Athées, de desir, de conduite, d'écrits ou de discours; avec cette petite différence cependant, que M. le Dauphin savoit très-bien les réponses aux objections, en paroissant les chercher, au lieu que ces Messieurs se gardent bien de les chercher, & seroient bien fâchés de les savoir.

paſſager. Des témoignages divers, amis, ennemis, indifférens, étrangers, recueillis, comparés ſucceſſivement, une couleur de conduite conſtamment ſoutenue, les traits déciſifs & tranchants de quelques démarches importantes, la nature des ſociétés, le ton des diſcours; tout cela réuni & obſervé dévoiloit au Dauphin les caracteres des hommes, les ſentimens & les cœurs, les défauts & les foibleſſes, les vices & les vertus.

Mémoires, pag. 358.

Par cette application réfléchie & méthodique, perfectionnant chaque jour ſa pénétration native, il devint dans la connoiſſance des hommes un des hommes les plus éclairés. Autant le regard phyſique, rapide & perçant dans ce Prince, meſuroit avec juſteſſe une élévation, une étendue, autant le regard ſpirituel & moral, auſſi pénétrant qu'exercé, jugeoit les hommes avec vérité, exactitude & ſageſſe. De la retraite paiſible où il vivoit renfermé, &, pour ainſi parler, des pacifiques hauteurs où ſa vertu l'avoit placé, il contemploit en obſervateur tranquille, les agitations tumultueuſes d'une Cour qui l'environnoit, il ſuivoit tous les mouvemens, il perçoit d'un coup-d'œil toutes les ténebres des intrigues; cent fois des cercles de confidens fideles l'entendirent prononcer ſur les partis, diſcuter les avis, peſer les actions, diſcerner les motifs avec le tact d'une préciſion infaillible; cent fois ils le virent annoncer, prévoir avec certitude les événemens, l'iſſue des affaires & des choſes, d'après les caracteres de ceux qui les conduiſoient; quelquefois même, le dirai-je? ſon génie porté à la ſatyre, ſi la

Vie du Dauphin, p. 89, 90.

Mémoires, pag. 221.

Vie du Dauphin, p. 34.

vertu ne l'eût corrigé, son génie acre & ardent désignoit les hommes, leurs défauts ou leurs vices par des traits si profonds dans leur rapidité, qu'ils laissoient des traces ineffaçables; & l'on concluoit sans effort que celui qui possédoit si bien l'art dangereux de peindre, savoit le grand art de bien voir.

Enfin pour achever le tableau d'un Roi parfait, en achevant le tableau de ce que le Dauphin fit pour l'être, ajoutons qu'à ces études de détail dont nous venons de parler, ce Prince réunit encore des connoissances plus générales, non moins nécessaires à un Roi. Comme les Nations en corps ont leurs caracteres, leurs physionomies, leurs visages, ainsi que les hommes, le Dauphin crut devoir aussi les observer; & tandis que l'Histoire lui montroit les traits principaux, les premieres couleurs des Peuples, toujours les mêmes; des mémoires fideles, sollicités par son active curiosité, lui montroient les changemens accidentels, les altérations de siecle, les variations de moment dans les Nations, les Cours étrangeres, amies ou rivales de la France; quelquefois même pour acquérir des lumieres plus étendues, il étudia les langues, il lut les productions diverses des génies distingués dans chaque Nation, il y observa le goût du sol, la teinte du climat, les mœurs sur-tout, qui s'y peignent avec plus de vérité.

Vie du Dauphin, page 75.

Mais le grand objet, en ce genre, des observations de LOUIS, Dauphin, ce fut la Nation elle-même qu'il étoit destiné à gouverner un jour; il apperçut ses défauts ſans doute, & il ne les diſſimula pas en pere indulgent ou aveugle; mais auſſi en pere éclairé & tendre, il ſut appercevoir ſes heureuſes qualités; il reconnut, il aima ſpécialement dans la généroſité impétueuſe & franche de ſa Nation, le principe & le germe de ce ſentiment d'honneur qui l'a toujours caractériſée. Mémoires, page 131. Dans les fragmens précieux des écrits de ce Prince, on apperçoit combien il avoit profondément réfléchi ſur ce ſentiment national, combien il le reſpectoit, & croyoit devoir le ménager, juſque dans ſes caprices, dès qu'ils n'avoient rien de criminel; on y apperçoit combien il craignoit de voir ce ſentiment s'affoiblir ou s'éteindre, combien il aimoit, il protégeoit, il favoriſoit la portion choiſie de la Nation dans laquelle ce ſentiment a plus de force & de vie, à laquelle ce ſentiment eſt ſpécialement attaché, par l'uſage, les mœurs, la conſtitution même de l'Etat.

Honneur François, eſprit national, ame de la Monarchie, vous euſſiez repris une vie nouvelle ſous le regne de LOUIS, Dauphin.

Nobleſſe Françoiſe, fleur de la Nation, dépoſitaire des vrais principes & des antiques ſentimens, avec quelle ſageſſe LOUIS, Dauphin, reconnut dans vous Page 125. *le premier, le plus naturel de ces pouvoirs intermédiaires*, liens ſacrés, ſoutiens inébranlables de la Monarchie & du Monarque! Nobleſſe Françoiſe, avec quelle tendreſſe inquiete LOUIS, Dauphin, s'occupoit de vous! avec quelle prédilection attentive il répandoit ſur vous ſes faveurs! avec quelle douleur il déploroit vos pertes ! avec quelle amertume il accusa cent fois un luxe destructeur, qui depuis un demi-siecle a éteint plus de noms chers à la Patrie, que dix siecles de guerre n'en auroient consumés ! Noblesse Françoise, si jamais ce Prince eût occupé le Trône que vos ayeux ont défendu, comme vous eussiez trouvé en lui un bienfaiteur & un pere ! comme sa reconnoissance auguste eût apprécié vos services ! comme sa prudente libéralité eût soulagé à propos votre noble indigence ! comme son attention paternelle eût animé vos unions, multiplié vos têtes précieuses ! comme ses recherches empressées auroient marqué pour chacun de vous la place d'honneur qu'il devoit remplir ! comme sa valeur enfin eût elle-même guidé vos pas dans les voies de l'honneur & celles de la gloire ! Mémoires, page 345.

Dans les premieres années d'une florissante jeunesse, les plaines victorieuses de Fontenoy virent ce Prince montrer tout ensemble l'ardeur intrépide d'un Soldat, l'attention froide d'un Général. Les champs funestes de Crevelt l'auroient vu dans la suite, si les ordres d'un pere ne l'avoient retenu, ils l'auroient vu rendre la confiance à nos légions abattues, porter l'union & la paix parmi nos chefs divisés. Plus d'une fois ces camps fortunés que Louis, Dauphin, anima de sa présence, ces images innocentes de la cruelle guerre, tracées pour l'instruction des Rois, virent ce Prince charmer la générosité du Soldat par la noble franchise de ses manieres, étonner les lumieres des Commandans par la précision de ses ordres ; & si jamais il eût réuni dans ſes mains le ſceptre de l'Empire & l'épée de la valeur, Nobleſſe Françoiſe, vous l'euſſiez vu, ſagement prodigue de ſa perſonne auguſte, diriger lui-même vos efforts, s'aſſocier à vos périls; l'Europe alarmée & tremblante eût reconnu dans LOUIS, Roi, le deſcendant des Philippe-Auguſte & des Louis IX, conduiſant eux-mêmes à la victoire leurs invincibles Barons.

Mémoires, page 227.

Cependant ſi LOUIS, Dauphin, étudia profondément, s'il connut parfaitement la Nation (*a*) ſur laquelle il devoit regner, s'il l'aima, s'il fut digne d'elle, il étudia, il connut auſſi le ſiecle dans lequel il devoit regner, il l'eût peut-être rendu digne de lui; ſemblable à ces eaux pures & douces qui précipitent leurs cours à travers les flots amers de l'Océan, ſans contracter aucune amertume, l'ame vertueuſe du Dauphin avoit, pour ainſi dire, pendant trente années, traverſé la corruption de ſon ſiecle, ſans rien perdre de ſa pureté primitive; & plus cette grande ame étoit pure & vertueuſe, plus ſon regard étoit perçant, plus elle appercevoit avec juſteſſe & vérité les maux qui l'environnoient, plus le ſentiment de ſa douleur étoit preſſant & continu.

Rappellerai-je en effet ici ſes gémiſſemens ſur ce grand ſujet, ſes obſervations ſur le préſent, ſes lugubres prévoyances pour l'avenir? Rappellerai-je

(*a*) On a ajouté ici quelques lignes pour former une liaiſon plus juſte. Cette addition, une page ſupprimée au milieu de la ſeconde Partie & quelques expreſſions adoucies, ſont les ſeules différences notables qui ſe trouvent entre l'imprimé & le premier Manuſcrit.

comment il obſervoit une force ennemie menacer de loin les anciens principes, déjà ſourdement les miner par la perte des anciennes mœurs ? Rappellerai-je, ſur-tout, comme il obſervoit l'eſprit national, l'honneur françois s'affoiblir inſenſiblement par l'altération des mœurs nouvelles ? Et pourquoi, pourquoi, du moins en partie, ne le rappellerois-je pas ? Pourquoi, parlant toujours d'après les penſées de celui que je loue, craindrois-je de faire entendre à la Nation, de la part d'une bouche ſi auguſte, des leçons, des avis & même des reproches ? Je les ferai donc entendre ſans crainte, & ces reproches & ces leçons; je les adreſſerai plus directement à cette portion elle-même de la Nation que LOUIS, Dauphin, diſtingua dans les expreſſions de ſon amour, & je lui dirai qu'autant ce génie obſervateur, placé ſur le Trône de ſes ayeux, eût été pour elle un bienfaiteur, un pere, un digne chef, un parfait modele de tous les ſentimens d'honneur, autant il eût été en ce genre un juge ſévere & jaloux; je dirai qu'autant LOUIS, Dauphin, étoit tranſporté d'amour en contemplant cette Nobleſſe généreuſe qui n'a pour objet que la gloire, la fidélité, le devoir, autant ſon ame ſublime étoit flétrie de douleur en contemplant quelquefois l'éclat de cette même Nobleſſe, obſcurci par la corruption d'un ſiecle malheureux, au milieu des intrigues & des voluptés des Cours; autant LOUIS, Dauphin, chériſſoit, protégeoit, reſpectoit même le Gentilhomme François, autant il craignoit, tranchons, le terme, & que personne ne s'en offense, autant il haïssoit, il méprisoit ce qu'il appelloit le Courtisan.

Vie du Dauphin, page 93.

Je dirai que dans les écrits de ce Prince, dépositaires fideles de ses sentimens, dans les paroles profondes recueillies de sa bouche, on apperçoit les traits de cette haine chagrine & de ce noble mépris; je dirai que par une précision sublime & juste, le Dauphin sembloit fréquemment considérer dans le même homme deux hommes distincts & opposés; dans le Gentilhomme, il voyoit le soutien, le défenseur de l'Etat, il en voyoit dans le Courtisan l'ennemi & le destructeur; je dirai que mille fois le Dauphin gémit amérement sur les profusions excessives que le Courtisan corrompu surprend ou arrache sans cesse à la bonté aveugle du Souverain. Le Dauphin observa que dans *les Monarchies, l'excès des récompenses est tour-à-tour une cause funeste & une preuve sensible de l'affoiblissement de l'honneur.* Le Dauphin vit l'honneur comme étouffé bientôt sous les monceaux d'or qui l'accablent; il vit ces profusions fatales produire à-la-fois deux effets cruels, dessécher les conditions inférieures, en corrompant les conditions élevées; il vit le Courtisan avide commencer à chercher dans les combats, moins des occasions de valeur que des sources de richesses; le Courtisan fastueux disputer au milieu des camps plus de luxe & d'éclat que d'honneur & de gloire; le Courtisan amolli surcharger les armées du poids de sa mollesse, & leur faire perdre en force réelle & en activité, tout

Mémoires, page 135.

ce qu'elles reçoivent en multitude, en pesanteur inutile; le Courtisan jaloux porter jusqu'en présence de l'ennemi ses petits & vils intérêts, ses ténébreuses intrigues, ses rivalités partielles, si funestes au bien commun; il vit enfin le Courtisan perfide prêt à sacrifier.... je m'arrête.... j'écarte des ombres lugubres qui n'ont paru sans doute menacer le tableau de la Nation, que pour rendre plus brillant le retour de la lumiere.

Monarque François, pere de la Nation, chef de la Noblesse, juge de l'honneur, fils de Louis, Dauphin, héritier de son Trône, vous avez reçu du ciel tout ce que la Nation, la patrie, l'honneur, peuvent attendre, pour voir exécuter ce qu'un pere projetta, réformer ce qu'il déplora. Fils de Louis, Dauphin, vous avez reçu du ciel cette droiture ferme & haute qui est le principe même & le germe de l'honneur; ce noble amour de la simplicité, qui sert à l'honneur de base & d'appui; ce respect pour les mœurs qui sont à l'honneur véritable la seule défense bien sûre. Monarque François, je dépose donc en ce moment au pied du Trône du fils, les desirs, les pensées, les exemples du pere, & je poursuis l'Eloge de ce pere vertueux.

SECONDE PARTIE.

De tous les personnages divers le plus difficile peut-être à soutenir, c'est celui d'héritier présomptif d'une Couronne, de successeur immédiat dans une Monarchie, par la nature même & la sagesse des loix qui ordonnent au successeur d'une Monarchie d'en être le sujet le plus soumis. Ce personnage augmente de difficultés & de poids, par l'impatience de jouir, naturelle au cœur humain, lorsque l'héritier du pouvoir parvient à la maturité de ses forces, tandis que le possesseur est encore au plus haut degré des siennes. Les difficultés s'accroîtroient encore si, dans les inclinations, les sociétés, les goûts, il y avoit des différences marquées entre le possesseur & le successeur. Enfin le poids de ce titre monteroit à son plus haut degré, si ceux que le possesseur actuel du pouvoir en fait les dépositaires, n'avoient pas toujours des vues conformes aux vues de l'héritier.

Mais que fais-je ? Où doivent me conduire ces vérités générales ? Seroit-ce à de tristes souvenirs ? à la faveur des changemens de scenes & du lointain des tems, vais-je faire entendre des plaintes, là où le Dauphin gardoit un inviolable silence ? Non : Prince vertueux, je ne trahirai pas vos pacifiques vertus pour donner plus d'éclat à de justes éloges, mais aussi ne trahirai-je pas la justice de votre éloge, en jettant le voile de l'oubli sur les époques les plus marquées de vos pacifiques vertus, & il me sera du moins permis de les indiquer.

Il me sera permis de rappeller que malgré vos sentimens de respect & d'amour pour un auguste pere, dont vous connûtes mieux que personne les grandes & hautes qualités, malgré les sentimens d'un pere qui, toujours ami de la vertu, connut mieux que personne

& révéra la vôtre; cependant entre ce pere & vous une opposition durable d'inclinations & de mœurs, affoiblit quelquefois, gêna l'intimité. Il sera permis de rappeller que les révolutions des Cours, si souvent inattendues, ne furent pas toujours conformes à vos desirs; que trop long-tems autour de vous, & dans le systême général du gouvernement, regna un de ces mouvemens impérieux qu'impriment des mains adroites, toutes foibles qu'elles sont, lorsqu'elles deviennent maitresses de la faveur; un de ces mouvemens qui entraînent avec eux quiconque suit la fortune, laissent dans l'inaction quiconque suit la vertu; un de ces mouvemens que votre dignité & vos principes vous défendoient de suivre, que votre état de soumission vous défendoit d'arrêter.

Il sera permis de rappeller qu'admis dans le Conseil à la discussion réfléchie des intérêts de l'Etat, il y eut des tems où vos réflexions furent négligées, où vos lumieres devinrent presque importunes, où en sollicitant des graces, il fallut presque dissimuler pour les obtenir, l'intérêt que vous daigniez y prendre; des tems où en portant le titre d'héritier présomptif d'une Couronne, vous en sentîtes tout le poids; des tems enfin, où des paroles profondes, échappées de votre bouche, apprenoient que vous connoissiez la pesanteur de ce titre aussi parfaitement que vous en remplissiez les devoirs (*a*).

(*a*) Un Seigneur de la Cour avoit prié le Dauphin de parler au

Tems iniques dans les vues de la terre, tems fortunés dans les vues du Ciel! Louis, Dauphin, ſupprima alors avec raiſon des plaintes légitimes; nous les ſupprimons nous-mêmes juſtement aujourd'hui, puiſque ce fut ſur-tout dans ces tems fortunés & iniques, tout enſemble, que ce Prince étoit deſtiné à devenir non-ſeulement le modele des Rois, mais un modele imitable & à la portée de tous. Ce fut alors, ſur-tout, que cette ame ſublime, s'enveloppant elle-même d'un ſilence majeſtueux, jetta ſur ſes talens le voile des vertus, obſcurcit ſes lumieres avec plus de ſoin, & enſevelit les eſpérances, les préparatifs d'un beau regne dans les ténebres myſtérieuſes d'une plus paiſible indifférence & d'une retraite plus profonde.

Retraite obſcure de Louis, Dauphin, ſéjour de ſa modération, aſyle de ſa paix, portion choiſie du Palais de nos Rois, long-tems honorée par ſa préſence, ſa préſence vous a conſacrée! vous n'êtes plus un ſéjour vulgaire! ſoyez changée, j'oſe en former le vœu, en un ſanctuaire nouveau! ſoyez déſormais pour la France, ſes peuples & ſes Princes, le temple des vertus & des mœurs ſociales! que l'image de Louis, Dauphin, brille de toutes parts dans ce nouveau ſanctuaire! qu'elle

---

Roi ſur une affaire fort délicate. Le Prince s'en défendit; le Seigneur inſiſta, & inſiſta très-vivement, perſuadé qu'un Dauphin avoit toute eſpece de droit de parler & d'obtenir. Le Prince comprit l'erreur par la vivacité des inſtances; & ſouriant avec bonté: *Monſieur*, lui dit-il, on voit bien que vous n'avez jamai été Dauphin. *Vie du Dauphin, page 95.*

offre

offre à tous les yeux d'éloquentes leçons ! que nos Zeuxis & nos Apelle préparent à l'envi leurs fideles pinceaux ! qu'ils partagent entr'eux les points de vue divers ! qu'ils écartent par-tout de leur ſujet les traits de fierté & d'empire, pour n'exprimer qu'amour & douceur, ſimplicité & paix !

De quelles vertus en effet paiſibles, douces & ſimples, ce modele accompli n'offrit-il pas les traits touchans ? Quels ſentimens honnêtes peuvent unir les cœurs, & n'ont pas ſerré de leurs tendres liens le cœur ſenſible de ce bon Prince ? Quelle flamme d'amour innocent ne l'a pas échauffé ?

Auguſte Reine, vertueuſe mere, dont il avoit reçu la vie de l'inſtruction & de l'exemple, plus précieuſe mille fois que celle de la nature, avec quelle reconnoiſſance ce fils reſpectueux s'acquittoit envers vous de ce qu'il vous devoit ! Avec quelle unité il ſembloit n'exiſter, ne vivre que pour vous ! Avec quelle abondante uſure il vous rendoit chaque jour en tranſports de ſa piété filiale, en fideles aſſiduités, ce qu'il avoit reçu de vous en ſollicitudes maternelles ! Mere fortunée, combien de fois en accuſant preſque le Ciel de ne vous avoir donné qu'un fils pour ſoutien du Trône François, vous fûtes cependant forcée d'avouer que ce fils lui ſeul rempliſſoit, paſſoit vos eſpérances ! Reine longtems affligée par ces chagrins cruels qui environnent les Trônes, combien de fois vous éprouvâtes le bonheur de trouver dans un fils les conſolations, les conſeils, le ſoutien de l'amitié ! combien de fois vous dépoſâtes dans son sein vos plus secrets déplaisirs, & leurs amertumes sembloient se perdre en de si douces confidences!

Cependant si l'amour filial remplissoit en apparence le cœur tout entier de Louis, Dauphin, il n'affoiblit point en lui les autres sentimens vertueux. Un sentiment vertueux prépare au contraire à un autre; la sensibilité des ames honnêtes & pures se perfectionne en se répandant sur des objets divers; elle acquiert, comme le feu en se communiquant, une nouvelle activité. Aussi tendre époux que tendre fils, la premiere union que forma le Dauphin, le pénétra tellement de ses chastes ardeurs, qu'elles ne furent jamais éteintes. La Postérité apprendra avec attendrissement que jamais ce Prince n'eût formé de nouveaux nœuds, si la Patrie ne l'eût commandé; elle apprendra qu'il rappelloit ses premiers nœuds, même en en formant de nouveaux; elle apprendra qu'il mêloit des souvenirs de douleur aux pompeux appareils d'une fête nuptiale, qu'il répandoit des larmes jusques sur le flambeau de l'hymenée: mais elle apprendra aussi que ces souvenirs douloureux, que ces amoureuses larmes, loin de blesser le second objet de la tendresse du Dauphin, le consoloient & l'animoient, parce que la vertu sûre d'elle-même ne connoît point la jalousie inquiete, elle ne connoît que la noble émulation. La Postérité apprendra avec transport qu'en voyant couler les larmes de Louis de France sur l'image de l'Infante d'Espagne, Josephe de Saxe desira, espéra d'un si tendre époux obtenir la même tendresse.

La vertu, même sur la terre, n'espere presque jamais en vain, elle obtient tout ce qu'elle desire parce qu'elle mérite ce qu'elle obtient. La vertu rapproche par ses liens puissans les extrêmes les plus éloignés ; elle adoucit les différences locales qui sont les effets des climats, elle fait disparoître de légeres nuances d'inclinations, de goûts, de mœurs opposées, sous les grands traits communs de ressemblance qui unissent toutes les belles ames. Quoique transportée des bords que la Vistule arrose aux rivages de la Seine, Josephe de Saxe parut avoit été formée uniquement pour son époux, & les nœuds de cette seconde union, d'abord arrosés de larmes, furent pour LOUIS, Dauphin, plus durables que ceux de la premiere ; ils furent, contre son attente, aussi heureux & aussi doux, tant les larmes vertueuses ont de chaleur & de force pour faire germer le bonheur !

En effet, si une habitude constante de se voir & de s'entendre éteint bientôt les feux que la seule passion a allumés, si elle lasse facilement des époux pervers, si même souvent à sa suite elle traîne pour eux les dégoûts, les inconstances, les haines ; cette même habitude pour les cœurs purs resserre les nœuds qui les unissent ; plus ils apprennent à se connoître, plus ils apprennent à s'estimer ; & comme l'estime elle seule est un sentiment durable, comme la vertu seule a des droits à l'estime, l'amour seul fondé sur l'estime est durable comme la vertu ; ainsi l'éprouva LOUIS, Dauphin.

Une habitude journaliere, assidue, presque continuelle, fixa peu à peu ſon ame ſenſible auprès du ſecond objet de ſon amour; autant les nœuds de ce nouvel amour avoient eu de peine à ſe former, autant dans la ſuite ils furent étroits & tendres, & la ſociété de Joſephe de Saxe devint pour lui, avec le tems, une douce néceſſité, un beſoin de ſentiment, une nouvelle exiſtence.

Tous les jours donc l'enceinte du même aſyle étoit le témoin ſolitaire des travaux paiſibles d'une auguſte épouſe, des profonds travaux d'un auguſte époux. C'eſt-là que le Dauphin, dans des veilles ſtudieuſes, préparoit le bonheur de la Nation, tandis que la Dauphine croyoit faire aſſez pour la Nation toute entiere, en ſe bornant à former le bonheur du Dauphin: c'eſt-là que ces deux époux ſe ſoutenoient mutuellement, ſe conſoloient, s'animoient à remplir leurs mutuels devoirs de modération & de paix: c'eſt-là que regnoient entr'eux ces mœurs ſimples & douces qui ſont celles de la nature, ces expreſſions naïves qui ſont le langage du ſentiment: c'eſt-là qu'ils goûtoient enſemble ces plaiſirs purs & ſans apprêts que le vice trouve inſipides, mais que l'innocence aſſaiſonne: c'eſt-là que le doux accord de leurs voix, par les charmes de l'harmonie, devenoit quelquefois une image de l'harmonie de leurs cœurs: c'eſt-là qu'une même table les uniſſoit chaque jour par un goût commun de frugalité, dont le ſpectacle eût conſolé le citoyen obſcur, eût fait rougir le luxe inſolent: c'eſt-là qu'ils partageoient tour à tour, pour des enfans chéris, ces devoirs ſacrés que la nature impoſe ſi ſévérement, qu'elle récompenſe ſi doucement : c'eſt-là enfin qu'un nombre choiſi de cœurs fideles, ſemblables à ceux que je viens de peindre, venoient pour LOUIS, Dauphin, aux charmes des noms de fils, de pere & d'époux, ajouter les ſentimens fraternels, les délices de l'amitié, & varier ainſi les douceurs de la plus vertueuſe ſociété qui fut jamais.

Société de LOUIS, Dauphin, qui pourra peindre vos charmes & faire ſentir vos douceurs ? Comment ma plume vulgaire & glacée oſera-t-elle ſeulement les crayonner ? N'eſt-ce pas à moi de me taire pour laiſſer parler ici ceux qui eurent le bonheur de les connoître & le mérite de les goûter ?

O vous donc qui nous reſtez encore, les plus illuſtres têtes de cette ſociété vertueuſe, tendres ſœurs de LOUIS, Dauphin ! au lieu de ma foible voix, faites entendre ici vos voix perſuaſives; parlez pour rendre au meilleur des freres, le ſeul hommage digne de lui; parlez & dites-nous s'il fut jamais un cœur plus délicat que le ſien, ſur tous les ſentimens & les devoirs fraternels ? Quoique par ſon rang & ſes lumieres, il eût parmi vous des droits de ſupériorité; dites-nous ſi jamais il les fit valoir avec hauteur, ſi jamais parmi vous il affecta d'autres diſtinctions que celle de plus aimable, de plus empreſſé & de plus tendre; dites-nous ſi jamais entre vos cœurs & le ſien s'éleva le plus léger nuage de défiance ; ſi jamais entre vous & lui regnerent d'autres noms que ceux de la nature, d'autres tons que ceux de la franchiſe & de la douce cordialité ? Dites-nous ſi vous cherchâtes jamais un dépoſitaire plus ſûr de vos ſecrets ou de vos peines ? Dites enfin ſi les nœuds plus intimes qui ſembloient l'unir à quelques-unes d'entre vous, furent jamais pour les autres des ſujets d'inquiétude, & ſi ſon amour ingénieux ne ſçut pas tellement ménager ſes expreſſions, que celle qui paroiſſoit plus aimée par lui, n'étoit pas moins aimée par vous ?

Parlez auſſi, ames choiſies, que LOUIS, Dauphin, admit autrefois à ſa douce familiarité ; car il en eſt encore de ce nombre, & la cruelle mort n'a pas tout enlevé ; parlez, cœurs vertueux, qui futes ſouvent les dépoſitaires de ſes auguſtes confidences, & dites-nous ſi ce Prince ne démentit pas ſans ceſſe cette maxime trop ſouvent véritable : *que la Majeſté & l'amour ne peuvent s'accorder* ? Dites-nous ſi jamais l'éclat de la dignité affoiblit en lui la bonté, gêna dans vous la confiance, embarraſſa les communications de l'amitié ? Dites-nous ſi jamais la vérité pure & même ſévere, préſentée par votre franchiſe, craignit de paroître devant lui ? Dites-nous ſi le grand Prince ne diſparoiſſoit pas ſans ceſſe à vos yeux, pour ne montrer en lui que l'ami fidele, l'homme vertueux & aimable ? Dites-nous ſi jamais en lui vous aimâtes quelque choſe plus tendrement que lui-même ?

Mémoires, page 350.

Parlez encore, & pourquoi craindriez-vous de mêler ici vos voix à tant de voix reſpectables ? Toutes les voix ne ſont-elles pas égales, n'ont-elles pas droit de ſe confondre, dès qu'il s'agit, par acclamation, de

Vie du Dauphin, pages 183.

rendre hommage à la vertu? Parlez donc auſſi à votre tour, vous qui par la nature même de vos fonctions, fûtes les témoins plus journaliers des vertus de LOUIS, Dauphin, heureux ſerviteurs d'un ſi bon maître, apprenez-nous ſi jamais vous vîtes ſa vertu s'obſcurcir dans les ténebres de cette vie domeſtique & privée, où trop ſouvent le ſage, le héros diſparoît pour ne montrer que l'homme: apprenez-nous ſi jamais vous apperçûtes en lui quelques-unes de ces honteuſes foibleſſes, de ces petiteſſes capricieuſes, de ces variations bizarres, de ces impétuoſités chagrines, épreuves ordinaires des ſerviteurs des grands? Apprenez-nous combien l'égalité de ſon humeur fut toujours pour vous facile & douce; avec quelle humanité clairvoyante dans l'homme ſon inférieur il reſpectoit l'homme ſon ſemblable; avec quelle douce préciſion il ménageoit le coupable en condamnant la faute? Apprenez-nous ſur-tout le plus intime ſecret de ſa bonté vertueuſe, avec quelle ſoupleſſe indulgente & adroite on le voyoit ſaiſir alternativement les caracteres divers de ceux qui le ſervoient, on le voyoit chaque jour ſe plier lui-même doucement à eux, plutôt que de les forcer de ſe plier à lui?

Parlez enfin, parlez & faites entendre ici la plus éloquente voix en faveur des vertus ſociales de LOUIS, auguſtes enfans d'un pere ſi auguſte. Ah! pourquoi le Ciel ne vous laiſſa-t-il être les témoins de ſes exemples, les objets de ſes ſoins, qu'au milieu des foibles lueurs d'une raiſon encore naiſſante? Pourquoi cette

Vie du Dauphin, p. 82

grande lumiere n'a-t-elle pas brillé à vos yeux du moins quelques momens de plus ?

Cependant la douce nature a ſur les grandes ames des droits ſi impérieux ; les ſouvenirs paternels laiſſent aux cœurs bien nés des traces ſi profondes, qu'elles ne ſçauroient s'effacer : parlez donc, auguſtes enfans de LOUIS, Dauphin, & apprenez vous-mêmes à la Poſtérité qui deſire l'entendre de vous, avec quelle fidélité un pere vertueux remplit à votre égard l'étendue de ce nom ; comment en ſe croyant ſoulagé par les ſoins d'autrui, des ſoins perſonnels qu'il vous devoit, il ne s'en crut jamais déchargé ; comment il y avoit pour lui des tems réglés où interrompant ſes travaux il éclairoit les vôtres, il portoit un regard vigilant ſur les détails ſacrés de votre éducation ; comment à des époques fréquentes vous veniez ſous ſes yeux & ſous les yeux maternels, développer vos foibles lumieres, expoſer les progrès d'utiles connoiſſances : avec quelle tendreſſe il applaudiſſoit à vos efforts, avec quelle douce fermeté il excitoit les lenteurs, avec quelle ſage ſévérité il puniſſoit les fautes, avec quelle effuſion de libéralité il récompenſoit les ſuccès : & combien de fois le ſpectacle de ſes exemples, les expreſſions de ſon amour, les encouragemens de ſa ſageſſe allumerent dans vos jeunes cœurs les feux d'une noble émulation, les deſirs de lui plaire & de lui reſſembler ? Puiſſent ces feux ſacrés n'être jamais éteints !

Mémoires, pag. 82.

Ainſi dans l'obſcurité d'une retraite paiſible, LOUIS, Dauphin, rempliſſoit tous les devoirs & ſerroit tous les nœuds de la vie ſociale : fils reconnoiſſant & reſpectueux, époux ſenſible & fidele, aimable frere, tendre ami, maître indulgent, pere vigilant ; ſous tous ces titres divers & ſous les vertus qu'ils expriment, le grand Prince ſe trouvoit comme voilé, obſcurci, envelopé d'épais & doux nuages, & d'autres vertus plus paiſibles, plus obſcures encore, concouroient à le voiler encore plus obſcurément.

Paſſionné pour la ſimplicité comme le ſont toujours toutes les ames ſublimes, ennemi par inclination de l'éclat du faſte & du fracas, pouſſé par la nature vers la réflexion & le ſilence, cet attrait vertueux qui auroit ſes bornes dans un Roi, le Dauphin s'y laiſſoit entraîner ſans réſiſtance dans l'état de ſoumiſſion & d'inaction apparente où il étoit placé ; il trouvoit même dans ce goût d'obſcurité & de paix, une facilité pour accomplir ſes devoirs de ſoumiſſion & d'inaction forcée il s'y livroit donc ſans ménagement ; il avoit pris pour regle de conduite cette maxime profonde, un jour ſortie de ſa bouche : qu'*autant un Roi doit être un homme univerſel, autant un Dauphin doit s'efforcer de paroître un homme inutile* (*a*). Il deſiroit de paroî-

(*a*) Le Dauphin s'entretenoit un jour avec un homme qui lui avoit été préſenté comme digne de ſa confiance & de ſes confidences ; & la converſation rouloit ſur les matieres les plus importantes du Gouvernement. Cet homme fut étonné de l'étendue des connoiſſances du Prince ; & il ne put s'empêcher de témoigner ſa ſurpriſe. Gardez-vous bien, lui dit le Prince, gardez-vous bien de me trahir.

tre inutile autant qu'il craignoit de l'être en effet, & les mêmes efforts qu'il faisoit pour ne pas l'être, le servoient & l'aidoient afin qu'il le parût.

Un amour de la retraite, semblable quelquefois à la misanthropie, un goût d'ordre & de regle, presque voisin du scrupule, une économie de tems qui approchoit de l'avarice, un extérieur simple, un discours modeste, des manieres sans faste, des plaisirs sans éclat, des assiduités de famille, des promenades solitaires, des confidences d'amitié; voilà ce qui formoit presque uniquement le tableau apparent de la vie de ce Prince; & dans ce tableau ainsi couvert de tant d'ombres vertueuses, la lumiere perçoit si foiblement, le grand Monarque à venir se montroit si rarement, qu'à l'exception d'un nombre choisi de spectateurs mieux placés, le Dauphin n'étoit pour la multitude précisément que ce qu'il vouloit paroître. Le simple peuple, toujours droit & vrai, lui donnoit le titre de bon; c'étoit le cri qui retentissoit dans les bouches vulgaires sur son passage; des hommes prétendus plus éclairés le regardoient comme un Prince médiocre; des hommes corrompus, le dirai-je? en étoient venus jusqu'à le mépriser, & c'est dans les tems dont je parle, que furent sur-tout répétées mille & mille fois ces outrageantes paroles : *Que fait donc; que fait donc Monsieur le Dauphin?*

Vie du Dauphin, page 62, 194.

Ce qu'il faisoit? Hommes aveugles! je ne vous dirai pas qu'il préparoit la publique félicité par d'immenses & obscurs travaux, dont vos ames avilies n'auroient jamais ſoutenu le poids, & dont vos ames ſuperbes euſſent encore moins ſoutenu la vertueuſe obſcurité : non, ce n'eſt pas ainſi que je vous parlerai, vous étiez excuſables, après tout, d'ignorer ſes travaux, puiſque pour les cacher il étoit ſi habile ; mais ſi vous étiez excuſables dans votre ignorance, l'étiez-vous dans votre corruption ? Si vous ne pouviez rendre hommage à tant de lumieres, voilées par tant de modeſtie, qui vous empêchoit d'honorer cette modeſtie elle-même & tout ce qui l'environnoit ! Vous demandiez ce que faiſoit le Dauphin ? Il eût été facile de vous répondre alors, & il eſt tems encore de vous répondre maintenant ; ce qu'il faiſoit, le voici : dans ſon inaction apparente, toute trompeuſe qu'elle étoit, il vous offroit deux grands modeles : un modele accompli de ces vertus ſociales que vous vantez ſans les pratiquer ; un modele plus touchant encore de ces vertus chrétiennes que vous blaſphémez ſans les connoître.

Les vertus chrétiennes de LOUIS, Dauphin, je viens donc enfin de les nommer ! & faut-il que je ne les aie nommées que pour être obligé ici de les défendre ?

Car c'eſt vous-mêmes que j'interroge en ce moment, vous détracteurs ſuperbes & contempteurs de ce Prince, vous qui demandiez avec une amere ironie ce qu'il faiſoit dans ſa vertueuſe obſcurité ; parlez & ſoyez ſinceres, n'eſt-ce pas préciſément par ces vertus chrétiennes que je viens de nommer, qu'il fut l'objet de vos mépris ? Parlez & ſoyez ſinceres, ſi ce Prince eût adopté vos principes & vos maximes, loin de les condamner; s'il eût fait une profeſſion plus ou moins ouverte de penſer comme vous, ſi vous aviez pu le ſavoir, le ſoupçonner ſeulement, ne fût-il pas devenu l'objet de vos éloges ? Sage, paiſible, doux, modéré tel qu'il étoit, n'euſſiez-vous pas admiré ſes pacifiques vertus, même en ignorant ſes immenſes travaux ? N'euſſiez-vous pas fait hommage de ſes vertus à je ne ſais quelle ſtoïque & ſuperbe ſageſſe ? N'euſſiez-vous pas cru devoir hâter par vos deſirs le moment de ſon regne fortuné ? N'euſſiez-vous pas annoncé emphatiquement à la France, à l'Europe entiere, le gouvernement d'un Roi philoſophe ?

Mais parce que le Dauphin n'étoit rien de ce que vous êtes, parce qu'il étoit au contraire tout ce que vous n'êtes pas ; malgré ſes vertus paiſibles & ſa modeſte ſageſſe, vous n'apperceviez plus en lui rien d'eſtimable & de grand ; malgré ſa ſageſſe & ſa vertu, vos yeux ſuperbes ne voyoient plus en lui que ce qu'il vous a plu d'appeller une ame bornée & crédule, un eſprit ſuperſtitieux, un homme foible, un dévot.

Juges inſenſés, croyez-vous donc que votre accord inſultant pour ſourire à une idée, change la nature de cette idée ? Croyez-vous que la ſuprême raiſon dépende de vos dériſions ? Croyez-vous que des yeux viciés & malades vicient par leurs regards les objets eux-mêmes ? Croyez-vous que le nom de dévot par vos hardis mépris deviendra mépriſable ?

Sans doute Louis, Dauphin, étoit un dévot, & il n'en rougiſſoit pas, & nous n'en rougirons pas pour lui. Sans doute LOUIS, Dauphin, étoit un dévôt, c'est-à-dire un Chrétien sincere jusqu'à la plus intime conviction, un Chrétien pratique jusqu'à la ferveur, fidele jusqu'à la sévérité, exact jusqu'au scrupule, déclaré jusqu'à l'intrépidité, constant & ferme jusqu'à la plus inviolable continuité ; voilà ce qu'il étoit. Et vous dirai-je qu'il étoit tout cela avec une connoissance réfléchie, profonde & étendue ? Vous dirai-je qu'avide de tout connoître & dans ses loisirs studieux, il avoit approfondi la Religion qu'il professoit, moins en Prince qu'en Théologien ? Vous dirai-je que sa foi ferme & éclairée ne craignoit aucuns nuages, qu'ils disparoissoient devant un seul de ses regards ? Vous dirai-je que cent fois tenant en main les ouvrages de votre moderne incrédulité, il réfuta lui-même dans une lecture rapide vos difficultés les plus insidieuses, il découvrit dans vos sophismes la vaine répétition des sophismes anciens ? Vous dirai-je que cent fois il vous foudroya des mêmes armes par lesquelles vous avez été mille & mille fois confondus ?

Mémoires, pag. 252.

Non, ce n'est pas ainsi que je dois vous parler en ce moment ; mais puisant ici la lumiere dans la nature même des choses, dans le tableau du Prince que je loue, dans l'essence de ces vertus chrétiennes qu'il pratiqua, je dois vous dire que c'est précisément par ces vertus chrétiennes & parfaites qu'il fut véritablement grand & vertueux, constamment grand & vertueux, sans alternative & sans foiblesse, sans faste & sans orgueil ; je dois vous dire que cette perfection chrétienne, objet de vos ignorans mépris, n'eſt dans la réalité que la plus ſublime raiſon, la plus héroïque vertu, réduite en actes continuels ; je dois vous dire que le Chriſtianiſme lui ſeul réaliſe & perfectionne ce qu'une ſtérile philoſophie ne fait que projetter, ce qu'elle peut à peine ébaucher ; je dois vous dire enfin que tous ces vains ſimulacres de Princes philoſophes, ſi faſtueuſement exaltés, tombent ici réduits en poudre devant l'image d'un Prince parfaitement chrétien.

Car ſans perdre ici de vue l'auguſte image de Louis, Dauphin (*a*), répondez, Partiſans d'une prétendue raiſon, que deſirez-vous dans un Roi, dans un Prince deſtiné à l'être ? Qu'exigez-vous, que la foi ne réaliſe mieux que vous, ne perfectionne & ne ſurpaſſe ? Vous exigez ſans doute qu'un Roi ait non-ſeulement de grandes lumieres ſur ſes devoirs, mais encore qu'il pénetre ſon ame de grands ſentimens pour les remplir ? Or, eſt-ce de la Religion ou de vous que le Dauphin en ce genre étoit devenu le diſciple ? Eſt-

(*a*) Les lecteurs à oreilles délicates & Académiques, ſi toutefois ce Diſcours en a de ce caractere, trouveront ici ſans doute, critiqueront le ton du ſermon ; & franchement, il eſt aſſez difficile de parler Chriſtianiſme du ton de la perſuaſion, ſans avoir le ton du ſermon ; mais de grace, Lecteurs délicats, laiſſons-là le ton, & voyons les choſes : ſont-elles fauſſes ? ſont-elles vraies ? Si elles ſont fauſſes, montrez-en la fauſſeté ; ſi elles ſont vraies, adorez-en la vérité, & reconnoiſſez combien juſtement une Société Religieuſe exigeoit l'hommage rendu à la Religion des vertus du Dauphin.

ce de vous ou des maîtres de la perfection évangélique qu'il avoit pris des leçons ? Est-ce d'après vos leçons vagues & fastueuses, que ce Prince consacroit chaque jour les premiers momens d'une nouvelle existence, les prémices du sentiment, la fraîcheur de la pensée, le calme des sens, la paix de l'ame, à réfléchir profondément sur ses augustes devoirs ? Ennemis de la Religion, c'est par-là que le Dauphin étoit un Chrétien parfait ; est-ce là dans lui ce que vous méprisez ? Seroit-il moins grand à vos yeux, lorsqu'il abrégeoit un sommeil frugal pour méditer en chrétien, que s'il eût prolongé un repos d'indolence après des nuits de jeux, de plaisirs & d'excès ?

Répondez, partisans d'une prétendue raison, qu'exigez-vous dans un Roi, que la foi ne réalise, ne perfectionne & ne surpasse ? Ah ! vous exigez sur-tout qu'un Roi en commandant à des hommes, se souvienne sans cesse qu'il commande à des semblables ; vous desirez qu'il ait sans cesse devant les yeux cette égalité précieuse dont vous êtes hautement jaloux ; vous vous passionnez pour les droits de cette égalité sacrée ; eh bien ! passionnez-vous, j'y consens ; mais dites-moi, quels principes persuaderont mieux le sentiment de cette égalité, que les principes de la foi l'avoient persuadé à Louis, Dauphin ? Tous les yeux philosophiques eurent-ils jamais en ce genre de plus douces & de plus vives lumieres, que les yeux chrétiens de ce Prince ? Comme à ses yeux éclairés par la Religion, toutes les prérogatives extérieures n'étoient qu'un éclat vain, frivole & passager, nécessaire pour l'ordre présent, dangereux pour l'ordre à venir? Comme les vraies distinctions étoient toutes pour lui dans le secret des ames & pour les regards de celui qui sonde tous les cœurs! Comme ces sentimens animoient ses discours! comme ils éclatent dans ses écrits! Comme il s'appliquoit à pénétrer de ces sentimens les ames dociles des jeunes Princes, ses espérances & les nôtres! Avec quelle sagesse attentive il leur faisoit remarquer un jour dans les archives de la foi chrétienne, leurs noms illustres, confondus avec les noms les plus obscurs; il les avertissoit que cette confusion étoit le signe de l'égalité; il leur montroit ces noms vulgaires comme devant être dans l'avenir plus illustres que les leurs, s'ils devenoient plus vertueux! Ennemis de la Religion, c'est par-là que Louis, Dauphin, étoit un Chrétien parfait. Est-ce là ce qu'en lui vous méprisez? Et ce sentiment d'égalité vous deviendroit-il odieux parce que pour un Chrétien il devient humilité, c'est-à-dire, vérité plus profonde & plus douce?

Répondez, partisans d'une prétendue raison, qu'exigez-vous dans un Roi que la foi ne réalise, ne perfectionne & ne surpasse? Vous exigez sans doute que son ame sensible s'attendrisse sur les maux des hommes, qu'il combatte sans cesse cette froideur cruelle, trop souvent l'appanage du faste & de la mollesse, qui environnent les trônes. Mais dites-moi, quelle voix plus éloquente que celle de la Religion foudroye le faste

&

& la molleſſe ? Quelle voix plus douce avoit perſuadé au Dauphin la compaſſion & la bonté ? Quelle voix plus active avoit porté ſur ce point la belle ſenſibilité de ſon ame juſqu'à une délicateſſe inquiete ? Qui l'avoit inſtruit à prendre les ſecours pour l'infortune ſur les plaiſirs même innocens, preſque ſur les beſoins ? De qui avoit-il appris à trouver preſque toujours du ſuperflu dans ſes mains, dès qu'il voyoit des ſouffrances dans autrui ? De qui avoit-il appris, au pied du Trône même, dans la pompe des Cours & la licence des mœurs, à donner à la Nation des exemples touchans de l'antique ſimplicité, afin de pouvoir en donner ſans ceſſe de l'évangélique charité ? C'eſt par là qu'il étoit un Chrétien parfait ; ſeroit-ce en lui ce que vous mépriſez ? Et cette humanité ſi vantée vous ſeroit-elle odieuſe, ennemis de la foi, lorſque dans les Diſciples de la foi elle devient charité plus généreuſe, plus tendre ?

Répondez encore, partiſans d'une prétendue raiſon ; qu'exigez-vous dans un Roi ? Que loin de ſacrifier ſes devoirs à ſes plaiſirs, il ſoit toujours prêt à immoler ſes plaiſirs à ſes devoirs ; vous exigez dans lui du moins cette tempérance qui éloigne des excès, qui maintient la vigueur des ames, qui les rend capables de généreux efforts ; vous gémiſſez ſur ces ames royales, dégradées, énervées, avilies par les voluptés, & vous gémiſſez avec raiſon : mais dites-nous cependant, votre morale ſur ce point ennemie des ſeuls excès, n'eſt-elle pas ſur tout le reſte trop ſouvent facile & indulgente, indulgente pour les Rois autant qu'elle l'eſt pour vous-mêmes ? Ne vous entendons-nous pas appeller tous les jours du nom de penchans innocens, ce que la foi appelle des juſtes noms de paſſions criminelles ? Et là où la foi commande une inexorable ſévérité, ne vous contentez-vous pas tous les jours de ce que vous appellez de la modération ?

De la modération ! Aveugles corrompus, dans ces penchans funeſtes, prétendus innocens, dès qu'une fois ſont franchies les bornes légitimes que la foi elle ſeule ſait bien placer, eſt-il pour l'homme de la modération ? En eſt-il ſur-tout pour les Rois ? Y en auroit-il eu pour LOUIS, Dauphin, s'il vous avoit choiſis pour maîtres ? Mais non, il écouta d'autres maîtres que vous ; & ce fut la main ſaintement jalouſe de la Religion, qui mit ſur les yeux de ce Prince un voile de circonſpection, qui appoſa ſur ſes levres une garde ſévere, qui environna ſon cœur naturellement ſenſible, d'une barriere ſacrée, qui l'enchaîna au devoir au milieu même de la licence, & l'attacha conſtamment au ſeul objet aimable qu'il pouvoit aimer, malgré la ſéduction des objets & des exemples.

La Religion elle ſeule défendit LOUIS, Dauphin, des pieges de la volupté ; elle ſeule par conſéquent développa ſes talens, étendit ſes lumieres, anima ſes travaux & ſoutint ſes vertus ; talens, lumieres, travaux, vertus, un ſeul ſoufle de volupté pouvoit tout obſcurcir d'un infernal nuage. O volupté, paſſion funeſte, qu'une flatterie corruptrice encenſe, qu'une fauſſe ſageſſe n'a pas honte d'excuſer, la plus cruelle paſſion des Rois ! combien de fois en plaçant le vice au pied des Trônes, tu n'as raſſemblé autour des Trônes que des eſclaves du vice, des oppreſſeurs des peuples ! Combien d'heureuſes qualités tu as étouffées dans les Princes ! Combien de larmes ameres tu as fait couler des yeux des ſujets ! O volupté, paſſion ſanguinaire, il n'y a que la foi chrétienne qui puiſſe te vaincre, il n'y a qu'elle qui t'ait vaincue ; les ſeuls Rois chaſtes furent des Chrétiens parfaits ; c'eſt parce que Louis, Dauphin, étoit un Chrétien parfait qu'il étoit chaſte ; & ſi c'eſt là ce qu'en lui mépriſent vos ames brutales, contempteurs de ce Prince & de ſa Religion, jugez quel droit vous nous donnez de mépriſer vos affreux mépris ! & combien eſt juſte l'hommage qu'ici la Religion exige, malgré vos vaines réclamations !

Car me feroit-il donc difficile de juſtifier de plus en plus la vérité de cet hommage, de parcourir ſucceſſivement toutes les obligations d'un Prince, toutes les qualités & les vertus du Prince que je loue, pour montrer l'influence active & puiſſante de la foi chrétienne ſur les unes & ſur les autres ? Partiſans de la raiſon, ennemis de la foi, n'ai-je pas le droit de vous demander quel Prince reſpectera plus religieuſement les bornes de ſon pouvoir ? Sera-ce celui que vous aigrirez ſans ceſſe par vos faſtueuſes leçons, ou bien celui qui verra ſans ceſſe à l'exem-

Mémoires, page 167.

ple du Dauphin & par les yeux de la foi, ces bornes ſacrées du pouvoir ſuprême, non-ſeulement comme appoſées par le ſuffrage des ſiecles, mais comme ſcellées de la main de Dieu même, principe de toute juſtice, protecteur de toute propriété ? Quel Prince ſera moins expoſé à abuſer de l'étendue, de la force de ſon pouvoir ? Sera-ce celui que vous aurez fatigué de vos ſéditieuſes maximes ; ou bien celui qui ſaura, comme LOUIS, Dauphin, que s'il ne doit aucun compte aux hommes de l'uſage de ſon pouvoir, il en doit un compte rigoureux à ce Tribunal inflexible, où ſeront peſées les juſtices, interrogés & jugés les Rois ? Quel Prince aura un ſentiment plus vif, plus préſent de la douceur de ſon autorité ? Sera-ce celui que vous aurez étourdi de vos vaines clameurs d'humanité, de bienfaiſance ; ou bien celui qui ſans ceſſe attentif à la voix de la Religion, à l'exemple du Dauphin, apprendra d'elle qu'il n'eſt point grand pour lui-même, qu'il n'eſt grand que pour les autres, que ſes Peuples ſont un dépôt, qu'il doit les rendre bons & heureux ; qu'il ne ſera lui-même heureux & bon qu'en raiſon des efforts pour le bonheur général ? Quel Prince dans l'exercice de ſon autorité, concevra des penſées plus nobles & plus hautes ? Sera-ce celui que vous aurez enflé de quelques idées pompeuſes d'une frivole gloire ; ou bien celui qui, porté ſur les aîles de la Religion, s'élévera ſans ceſſe comme LOUIS, Dauphin, vers l'idée infinie du Monarque éternel, contemplera ſans ceſſe

Vie du Dauphin, p. 130.

l'universalité de son empire, sa paisible majesté, sa douce bonté, les tempéramens de sa justice, son inépuisable libéralité, & trouvera sans cesse dans cette idée infinie le grand & sublime modele dont les bons Rois doivent être du moins de foibles copies?

Quel Prince sur-tout, quel Prince surmontera plus généreusement les dégoûts inséparables de l'exercice de son pouvoir, en supportera constamment les plus pénibles travaux? Ces travaux obscurs, assidus, journaliers, ces travaux de détails, d'observations, de recherches, par lesquels le Souverain éclaire tout par lui-même, & voit tout par ses yeux; ces véritables travaux des Rois, qui tous les jours cependant font jusque sur les Trônes pâlir d'ennui tant d'ames royales, qui les déterminera, qui les animera, qui les forcera à en soutenir le poids, tandis que tant de mains intéressées & serviles s'empressent de les en décharger? Qui déterminoit LOUIS, Dauphin, à supporter par avance tout le poids de ces immenses & dégoûtans travaux? Qui le soutenoit, qui le consoloit au milieu de leurs dégoûts, de leurs assujettissemens & de leurs peines?

Etoit-il soutenu, comme nous hommes vulgaires le sommes si souvent, par les vues de l'ambition, par les sollicitudes de l'intérêt, par le desir de mériter ce qu'il devoit posséder, & ce qu'il pouvoit perdre? Mais il ne pouvoit rien perdre; & l'institution des sages loix, en assurant le Trône à un héritier présomptif, est obligée de ne voir que la naissance, non le mérite pour la possession? Etoit-il soutenu par l'amour abstrait d'un ordre à venir ? Mais un ordre abstrait & à venir, console-t-il des peines présentes ? Etoit-il soutenu par les suffrages, les acclamations des Peuples ? Mais les Peuples ignoroient ses travaux, ils devoient les ignorer ; & la mort seule devoit en dévoiler le mystere ? Etoit-il soutenu par les complaisances de l'orgueil ? Mais quelles complaisances pour l'orgueil, au milieu des mépris d'une multitude innombrable d'hommes corrompus ou prévenus, dont le Dauphin n'ignoroit pas les jugemens & les discours ! Etoit-il soutenu enfin par les flatteuses espérances d'un gouvernement à venir ? Mais ses espérances étoient si lointaines, si foibles, si incertaines ! Elles pouvoient être si long-tems retardées, si facilement dissipées ! Il desiroit même n'en jouir jamais.

Quelle force donc, motrice & toute puissante animoit durant vingt années tous les efforts de ce grand Prince, formoit en lui ce mélange, cet accord inconcevable d'activité dans les recherches, de constance dans les travaux, de modestie dans l'obscurité, de paix dans les mépris !

Partisans d'une prétendue raison, panégyristes de la nature, ennemis de la foi, contempteurs du Dauphin, sectateurs d'une fausse & impuissante sagesse, mentez, mentez hardiment aux hommes & à vous-mêmes, par de fastueux ou subtils discours, mentez à Dieu & à l'univers, il n'en sera pas moins démontré pour toutes les ames droites, que LOUIS, Dauphin, dans l'obscurité, la continuité de ses travaux, dans l'éloignement & l'incertitude de ses espérances ; n'a pu être soutenu que par cette Religion qui montre Dieu pour témoin continuel des vertus les plus obscures, pour approbateur infaillible des vertus les plus méprisées ; par cette Religion qui montre les peines stériles pour le tems, toujours fécondes pour un éternel avenir ; par cette Religion qui seule apprend bien aux Princes, comme aux autres hommes, que s'ils ne peuvent tout le bien qu'ils veulent, ils n'en sont pas moins obligés de vouloir & de préparer tout le bien qu'ils doivent, parce qu'ils ne seront jugés au Tribunal suprême, ni sur des applaudissemens & des succès, ni sur des mépris & des disgraces, mais uniquement sur la droiture de leur volonté, & sur les efforts de leur droiture.

Religion sainte, triomphez donc ici avec justice des vertus de celui que vous avez formé ; & si trop long-tems votre nom sacré a tardé de paroître en un sujet, cependant tout rempli de vous, pardonnez, mais pour votre gloire & votre triomphe même vous ne pouviez paroître plutôt ! Il falloit peindre tout entier, le tableau de Louis, Dauphin, avant de vous en offrir l'hommage, puisque l'hommage tout entier de ce grand tableau vous est dû, puisque dans ce tableau sublime tous les traits furent par vous dirigés & animés, perfectionnés & consacrés.

Mais il nous reste à vous offrir un hommage en un sens plus légitime encore ; car si des qualités, des talens, des inclinations droites & douces, & tout ce qu'une vaine ſageſſe appelle du nom de nature ; ont pû concourir au tableau de la vie du plus grand des Princes ; vous ſeule, Religion divine, avez pu inſpirer l'héroïſme de ſa mort ; vous ſeule avez pu montrer LOUIS, Dauphin, abandonnant avec joie les eſpérances du plus beau regne ; troiſieme & dernier trait de ſon auguſte Eloge.

TROISIEME PARTIE.

L'ON n'eſt digne des grandes places, que lorſqu'on les craint. L'ambitieux les deſire, parce qu'il en ignore les difficultés, il en mépriſe les devoirs, il n'en cherche que l'éclat ; aux yeux du ſage l'éclat diſparoît, pour ne montrer que l'étendue des devoirs, le poids des difficultés ; & telles furent conſtamment les diſpoſitions de LOUIS, Dauphin, pour la plus grande place que l'homme puiſſe remplir ſur la terre, la place de chef, de pere, de paſteur d'un grand Peuple.

Ce Prince étoit encore à demi-enveloppé des ombres de l'enfance, lorſque ce ſentiment de crainte vertueuſe avoit déjà dans ſon ame preſque toute ſon activité. Au moment où les jours d'un pere, ſoudainement menacés par la maladie & la mort, ſembloient lui offrir un Trône bientôt vacant, loin d'être ébloui de l'éclat de ce Trône, ce fils vertueux ne fut occupé que de ſes pertes, de ſes devoirs & de ſa foibleſſe ; on entendit ſortir de ſa bouche un cri de douleur ſur ſes pertes, un cri de terreur ſur ſes devoirs, un cri de priere pour ſa foibleſſe. *O France !*

Mémoires, pag. 23.

Vie du Dauphin, p. 39.

que vas-tu devenir avec un Roi de quinze ans ? O mon Dieu, ayez pitié de moi ! O Religion ! ô Histoire ! ô Renommée ! ô Postérité vertueuse, portez, portez d'âge en âge aux oreilles des enfans des Rois ce cri de douleur & de droiture ! qu'ils apprennent, en l'entendant, à craindre leurs devoirs augustes ; à les craindre pour se préparer à les remplir.

Cette religieuse terreur n'abandonna jamais LOUIS, Dauphin ; elle s'accrut avec l'âge loin de s'affoiblir ; plus il avançoit dans les connoissances qui préparent un bon Roi, plus le vaste champ de ces connoissances se déployoit devant lui, & en s'élevant sur les hauteurs de la science du Gouvernement, sa vue devenoit chaque jour plus étendue & plus perçante. Aussi malgré toutes ses recherches, ses travaux, ses lumieres, sa modestie toujours plus inquiete, parce qu'elle étoit toujours plus éclairée, se croyoit toujours plus au-dessous du poids de la Couronne : il n'envisageoit qu'en tremblant, le tems où il pouvoit être obligé de la porter ; & toutes les fois que dans les confidences de l'amitié, il parloit des espérances d'un regne possible & à venir, son discours étoit précédé ou suivi d'une expression de crainte : *Si jamais*, disoit-il, *j'ai le malheur d'être Roi.*

Le malheur d'être Roi ! Et pour qui donc ce malheur, ô ame modeste & sublime ! fût-il jamais un sentiment plus injuste que le vôtre, tout vertueux qu'il étoit ? O le meilleur des Princes, si peu connu des hommes, falloit-il que vous fussiez encore méconnu par vous-même, pour n'être connu que par le Ciel ! O le meilleur des Princes, c'étoit à nous à trembler, que le Ciel, clément pour vous & rigoureux pour nous seuls, n'entendît la voix de vos terreurs, que pour l'exaucer ; il l'entendit, hélas ! il l'exauça trop bien.

De toutes les circonstances de la vie du Dauphin, la seule peut-être où l'éclat de ses grandes qualités, parut sortir plus librement, fut précisément la derniere de cette belle & trop courte vie. Il venoit de se montrer digne de la Nation dans une de ces assemblées belliqueuses, où l'esprit Nationnal semble se ranimer & déployer ouvertement son activité naturelle; dans le tumulte guerrier qui environnoit alors le Monarque & sa Cour, le Monarque, sa Cour & ses Guerriers venoient d'admirer tout ensemble dans l'héritier présomptif de la Monarchie, l'étendue des connoissances, la justesse des vues, la précision des ordres, la générosité des sentimens, la noble franchise des manieres. Le Dauphin avoit été l'ame de tous ces grands Corps Militaires qui environnoient Compiegne ; nos fideles Légions, charmées de l'avoir eu pour chef, n'étoient retournées dans leurs postes divers, que pour faire voler dans toutes les bouches leurs espérances avec sa gloire; & la France entiere, quelque tems alarmée sur les jours de son Dauphin, respiroit enfin après ses alarmes dans le sentiment d'une douce paix.

Trompeuse & cruelle paix ! l'inexorable mort, circulant avec lenteur dans les veines de sa victime, la dévoroit plus sûrement ; & durant le court eſpace de ſoixante jours, Compiegne vit ſur ce bon Prince toutes les craintes diſſipées, Verſailles les vit renaiſſantes, Fontainebleau les vit déſeſpérées.

A peine LOUIS, Dauphin, a commencé de lire ſur les fronts qui l'environnent des craintes plus inquietes, qu'il deſire à l'inſtant, il demande, il commande qu'on lui montre tout le danger; il commande non pas de ce ton farouche qui tremble qu'on obéiſſe & fait trembler qui doit obéir, mais de ce ton ferme & paiſible qui apprend qu'en obéiſſant, on ne riſque rien d'être ſincere.

En effet, la parole funebre eſt prononcée; les Maîtres de l'Art ont avoué contre le mal l'inutilité de leurs efforts; & quelqu'étonné que ſoit le Dauphin de ſe voir attaqué par la mort, dans la force de ſes années, il eſt cependant tranquille envers la mort qui l'étonne, comme il l'eût été à l'égard d'une mort depuis long-tems attendue; il eſt tranquille à la vue d'une Couronne qui va échapper de ſes mains, & qui a toujours eu pour lui plus de terreurs que d'attraits.

Mais, que dis-je, ô Prince religieux! la paix, le calme, l'indifférence, ici ne ſuffiſent pas. Vous êtes ſur-tout le héros de la Religion, après avoir été ſon diſciple fidele: elle attend ſa gloire de vous, & ſon attente par vous ne ſera pas trompée.

Une tranquillité affectée ou réelle en préſence de la mort, eſt le rôle le plus ſublime que la philoſophie puiſſe jouer; elle n'eſt jamais le rôle, ni le ſentiment d'un Chrétien. S'il a été un Chrétien foible & imparfait, ſa tranquillité ſeroit injuſte, audacieuſe, criminelle; il doit éprouver alors l'impreſſion de la crainte, tempérée par la confiance, il doit expier ainſi les foibleſſes de la vie, par les terreurs, les douleurs & les repentirs de la mort. S'il a été au contraire un Chrétien fidele & parfait, la tranquillité ſeroit au-deſſous de lui ; elle répondroit mal à la hauteur de ſes deſtinées, à la proximité de ſes eſpérances : il doit éprouver alors l'impreſſion de la joie, ſes élancemens, ſes tranſports; il n'y a pas de milieu entre ces deux états pour un diſciple de la foi. Le ſecond de ces états, ſeul vraiment ſublime, devoit être celui du Dauphin ; il devoit l'être, & il le fut.

Comme Dieu eſt le principe de nos ames, & qu'elles tendent vers lui en proportion de leur pureté, mille & mille fois l'ame pure & parfaite de Louis, Dauphin, avoit déjà reſſenti ces impreſſions de deſir vers la Divinité, & les douces chaleurs de ces mouvemens divins, vivent encore confiés à ſes Ecrits vertueux. Cependant quelqu'impétueux que puiſſent être dans les ames parfaites ces mouvemens ſacrés, durant le cours de leur vie mortelle, les jouiſſances, les eſpérances terreſtres, en rallentiſſent toujours plus ou moins l'activité; mais lorſque toutes les eſpérances, toutes les jouiſſances de la terre, commencent à s'évanouir, lorſqu'une ame parfaite ſent les liens de ſa mortalité commencer à ſe diſſoudre; à cet inſtant ſes immortels deſirs acquierent une nouvelle & inconcevable activité; elle éprouve un ſentiment confus, inconnu juſqu'alors, de ſéparation de ce qui l'environne, d'amour pour ce qu'elle efpere; elle s'élance vers fon principe par un inftinct irréfiftible, comme une flamme long-tems captive, s'échappe & monte vers les cieux par les voûtes à demi-brifées de la prifon qui la retenoit.

Mere inconfolable, tendre époufe, pieufes fœurs, Miniftres de la Religion, qui environnez le lit du Dauphin mourant, que faites-vous donc, que faites-vous en le preffant d'unir fes vœux aux vôtres pour la confervation de fes jours! vous le chagrinez par vos inftances, vous ne le déterminerez pas; il vous répond que *de telles prieres alterent la paix de fon ame & font violence à fes defirs*, il a raifon : il falloit voiler à cette ame pure l'état de fon corps mortel, l'empêcher, s'il étoit poffible, de prendre fon effor, mais il eft pris, & il n'eft plus tems déformais de l'arrêter.

Mere inconfolable, tendre époufe, pieufes fœurs, Miniftres zelés, allez donc vous-mêmes, vous profterner au pied des Autels! que la France entiere, éplorée & profternée avec vous, demande au Ciel une vie dont elle connoît enfin le prix! que l'on faffe entendre de toutes parts des gémiffemens de priere & des foupirs de douleur; LOUIS, Dauphin, ne peut faire entendre que les expreffions d'une douce joie.

Depuis le premier inftant où la parole de mort a été prononcée pour lui, jufqu'à celui où elle eft accomplie, quarante fois le jour recommence fa courfe, & chaque jour l'ardeur célefte de cette ame pure s'enflamme loin de s'affoiblir; chaque jour cette parole de mort si funebre pour la nature, devient pour l'homme de la foi, la parole de vie & de consolation. Une Couronne & tout son éclat, une Cour & ses respects, un beau regne & ses espérances; la terre & tous ses biens; que ces objets sont vils pour qui a commencé d'entrevoir le bien suprême! qu'ils sont vils aux yeux de LOUIS, Dauphin! que *ces légers sacrifices lui coûtent peu!* qu'il goûte d'*ineffables douceurs* dans l'espérance prochaine *de connoître Dieu en lui-même, de le contempler face à face!* Comme déjà son ame est dans les Cieux! comme elle y a pénétré par la pensée! comme elle y habite par le desir! Et si quelquefois encore cette ame toute céleste redescend sur la terre, ce n'est pas pour y regretter de vains honneurs, de frivoles jouissances, mais uniquement pour donner quelquefois de douces larmes aux sentimens de la nature & d'un amour vertueux! Douces larmes de la nature qui ne fîtes point d'outrage à la foi, vous fûtes les seules qui humectâtes les yeux de son Héros! pour la gloire même de la foi ces douces larmes devoient couler!

O spectacle attendrissant & sublime du Dauphin mourant dans les bras de la Religion! ô triomphe de la Religion, dans le spectacle du Dauphin mourant! Vous qui en fûtes les témoins, ames vertueuses & pures, qui étiez unies à ce Prince par les liens du sang, par ceux de l'amitié, par ceux de la vertu; ce n'est pas vous que j'appelle, je ne ferois en vous appellant, que renouveller vos douleurs, & votre témoignage, tout auguste qu'il est, n'auroit pas ici assez de poids.

Mais c'est vous que j'appelle, hommes puissans, grands, illustres, chefs de la Nation, Princes du peuple, vous, sous les yeux de qui tombera peut-être cet Eloge, vous, qui peut-être trop peu semblables à LOUIS, Dauphin, par les vertus, fûtes cependant plusieurs fois conduits autour de son lit de douleur, par le respect, le devoir, l'attendrissement & l'amour, & vîtes éclater sur son front la joie céleste que je viens de peindre; c'est vous à qui je demande quels sentimens remplissoient vos ames à la vue de ce spectacle attendrissant & sublime?

Je le sais, quelques-uns d'entre vous (*a*) rendirent alors publiquement hommage à la Religion & à son Héros; mais tous l'ont-ils rendu, cet hommage sacré? Je les conjure de le rendre au nom de la vérité. Que dis-je! la vérité ne conjure pas les ames droites, elle leur commande avec empire: je vous commande donc au nom de la vérité; parlez, chefs de la Nation, & dites-nous, si en voyant un jeune Prince, abandonner sans regret la plus belle Couronne de la terre, &, malgré les langueurs, les douleurs de la mort, goû-

---

(*a*) Dans les Mémoires & la Vie du Dauphin, écrits l'un & l'autre d'après le Journal de Madame la Dauphine, on peut voir par qui ces hommages furent rendus, & de quelle maniere ils le furent. *Vie du Dauphin*, pages 294, 300, 319, 327.

ter de pures délices entre les bras de la Religion ; dites-nous, s'il ne se forma pas dans vos ames une impression puissante de vénération & d'amour pour le Prince soutenu par la Religion, pour la Religion qui soutenoit le Prince ?

Dites-nous sur-tout, si au moment où cette Religion sainte offroit à LOUIS, Dauphin, ses derniers & puissans secours ; où LOUIS, Dauphin, dirigeoit lui-même les Ministres de la Religion, troublés par leur douleur, à ce moment où les larmes couloient de tous les yeux, tandis que la joie éclatoit dans les yeux seuls de celui qui causoit tant de larmes ; dites-nous, si à ce moment lugubre & décisif, vous n'entendîtes pas dans le secret de vos ames une voix douce & impérieuse, qui réfutoit tous les blasphêmes d'une servile impiété, si vous ne sentîtes pas ces blasphêmes expirer alors sur vos levres, si la Religion ne reçut pas de vous un hommage du moins passager ?

Parce qu'il ne fut que passager, vous avez douté dans la suite, de la justice de cet hommage ; les sentimens religieux qui vous ébranlerent alors, vous les avez regardés comme une surprise d'attendrissement, comme une erreur de circonstance ! Ah ! ils étoient le cri, la lumiere de la plus profonde vérité ! Puissé-je, en terminant cet Eloge, déployer pour vous cette vérité, en ranimer dans vous l'émotion salutaire.

L'existence de l'Etre suprême & de l'Esprit infini, ne pouvant être niée sans la plus absurde fureur ; l'immortelle simplicité de l'esprit de l'homme ne pou-

vant

vant être contestée sans une affreuse brutalité ; il suit delà qu'il n'y a pour l'homme, au moment de sa dissolution terrestre, qu'un sentiment vraiment sublime ; c'est celui par lequel l'esprit créé & borné brûle du desir de se réunir à l'Esprit infini, nécessaire & éternel. Si donc il n'y a sur la terre qu'une Religion, qui inspire à l'homme ce sentiment sublime, digne de l'homme & de Dieu, il n'y a sur la terre qu'une Religion qui de Dieu soit venue à l'homme. Or, parcourant sur la terre toutes les sociétés religieuses, qu'appercevons-nous dans l'homme mourant ? ou lâcheté & foiblesse, ou incertitude & terreur, ou froideur & stupidité, ou orgueil & fierté, ou fureur & désespoir. Le seul Chrétien parfait tend par l'amour vers son auteur ; seul il possede donc ce qui conduit à son auteur, il possede donc seul la vérité.

La preuve n'est ni longue, ni embarrassée, ni obscure ; elle est sensible à toutes les ames, elle est palpable à tous les esprits, elle a brillé à tous les yeux dans le spectacle du Dauphin mourant ; & après avoir glorifié la foi chrétienne par les vertus de sa vie, ce Prince, malgré les blasphêmes de son siecle corrompu, a démontré la divinité de sa foi par l'héroïsme de sa mort.

Siecle d'orgueil & de corruption ! Nation à demi fascinée par l'esprit d'erreur, d'impiété & de vertige ! le Ciel t'a présenté la plus douce lumiere, la mieux attempérée à tes criminels besoins. Tu te passionnes sans cesse avec un enthousiasme imposteur pour les qualités d'une misérable nature, pour les principes d'une sagesse vaine, & tu blasphêmes la Religion! Qu'a donc fait le Dieu de la nature, dont il connoît la foiblesse, le Dieu de la Religion, qui l'a donnée pour soutien à l'impuissante nature? Le voici ce qu'il a fait pour t'éclairer, ou te confondre. Il t'a montré pendant vingt années, au pied du Trône de tes Rois; il t'a montré tout ce qu'il y a de vrai dans les principes que tu poses, établi, confirmé, développé par un grand Prince, à la lumiere de la Religion; il t'a montré dans ce même Prince, les vertus que tu vantes dans tes discours & que tu outrages par tes mœurs; il te les a montrées, consacrées, inspirées, perfectionnées par la Religion; il t'a montré enfin ce même Prince mourant, s'élevant mille & mille fois au-dessus de l'héroïsme que tu oses affecter, & s'y élevant par la force seule de la Religion!

Siecle pervers & menteur, blasphême donc maintenant, tant qu'il te plaira, blasphême sans pudeur une Religion que tu ignores, ou qui est trop pure, pour que tu ne la haïsses pas; tes blasphêmes sont vains; cette Religion est vengée: LOUIS, Dauphin, est son vengeur.

FIN.

www.ingramcontent.com/pod-product-compliance
Ingram Content Group UK Ltd.
Pitfield, Milton Keynes, MK11 3LW, UK
UKHW020315220726
13923UKWH00003B/1170

9 782019 297145